Découvrez l'histoire par les archives de presse

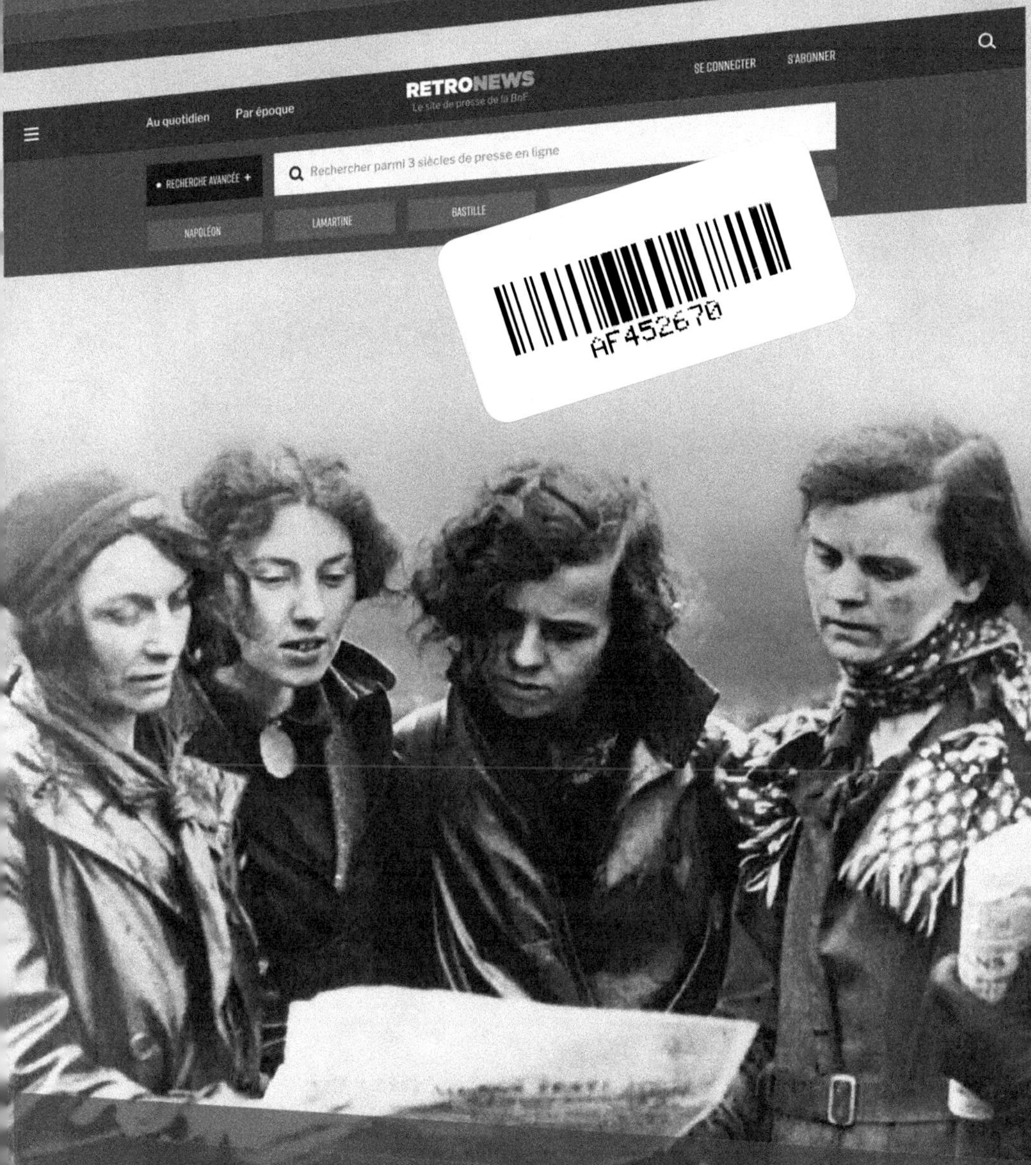

RETRONEWS

Le site de presse de la BnF

www.retronews.fr

BULLETIN

DES

TRAVAUX

DE LA

SOCIÉTÉ HISTORIQUE ET SCIENTIFIQUE

DE SAINT-JEAN-D'ANGÉLY.

(Charente-Inférieure).

QUATRIÈME ANNÉE. — EXERCICE 1866.

SAINT-JEAN-D'ANGÉLY

CHEZ E. LEMARIÉ, IMPRIMEUR-LIBRAIRE.

—

1866.

Charente Inférieure. 7

Rev 8° 10125

SOCIÉTÉ HISTORIQUE ET SCIENTIFIQUE

DE SAINT-JEAN-D'ANGÉLY.

———

TRAVAUX. — EXERCICE 1866.

SAINT-JEAN-D'ANGÉLY, TYPOGRAPHIE LEMARIÉ.

La Société Historique et Scientifique de Saint-Jean-d'Angély déclare que les opinions émises dans les Mémoires contenus dans ce Bulletin, doivent être considérés comme absolument propres à leurs auteurs et n'engagent en rien sa responsabilité.

HUIT JOURS DANS LA CORRÈZE.

HUIT JOURS DANS LA CORRÈZE

OU

IMPRESSIONS D'UN VOYAGE SCIENTIFIQUE

DANS UNE PARTIE DU BAS-LIMOUSIN

Dédiées à la Société Historique et Scientifique
de Saint-Jean-d'Angély

PAR

M. ALPHONSE TRÉMEAU DE ROCHEBRUNE (1)

Membre titulaire de la Société Historique et Scientifique de Saint-Jean-d'Angély, de la Société d'Agriculture, Arts et Commerce de la Charente, Membre correspondant de la Société Académique de Maine-et-Loire, de l'Académie Impériale des sciences naturelles de La Rochelle, Membre titulaire de la Société des Antiquaires de l'Ouest, de la Société Archéologique de Nantes, Correspondant de la Société Linnéenne de Bordeaux, de la Société Française d'Archéologie, de l'Association Philomathique Vogéso-Rhénane, Membre de la Société Botanique de France, de la Société Géologique de France, Correspondant de la Commission Topographique des Gaules, Membre de la Société de Statistique des Deux-Sèvres, Membre de la Société Archéologique du Vendomois, etc.

S'il existe des contrées privilégiées, désireuses en présence des richesses naturelles et des souvenirs historiques qu'elles renferment, de participer au mouvement scientifique dont elles sont destinées à devenir un jour un centre fécond, par la réunion d'hommes dont le mobile unique est d'arracher à l'indifférence le sol qui les a vu naître; il en est

---

(1) Travail présenté à la séance du 5 Octobre 1865.

d'autres vous le savez, Messieurs, tout aussi fécondes en souvenirs, tout aussi favorisées de la nature, mais qui par une cause inconnue n'ont pu saisir encore le moment favorable propre à les faire sortir de l'oubli.

La Corrèze semble faire partie de ces dernières.

De loin en loin, il faut en convenir, une voix a pu se faire entendre, une page a pu être écrite, mais la voix s'est éteinte, la page est restée inachevée, aucun travail d'ensemble n'a été publié et si l'archéologue ou le naturaliste ont besoin de recueillir quelques données, il leur faut chercher des renseignements trop souvent incomplets, épars dans des recueils ignorés, parfois même introuvables, plus souvent aussi errer sans autres guides que leur profond désir d'apprendre et d'observer.

Pour combler de semblables lacunes, le bon vouloir d'un seul serait impuissant :

    « *Vita brevis ars vero longa.* »

a dit avec raison l'immortel auteur des aphorismes !

Toutefois cette barrière imposée à l'intellect d'un seul homme, recule devant le vouloir de plusieurs ; ce que d'autres régions ont pu faire doit être d'un salutaire encouragement et les petits fils des vaillants Lemovices, ne tarderont pas à montrer qu'ils sont fiers de leur nom.

Quant à nous, qui un instant, avons égaré nos pas dans les gorges des montagnes et sur les flancs des pics abruptes de cette partie si peu connue et si intéressante du Bas-Limousin, soutenu dans notre traversée par la main affectueuse d'un modeste et intelligent collègue (1), sans prétendre apporter des faits nouveaux, ni même éclaircir des données incomplètes, nous croyons être *relativement* utile en traçant une esquisse fidèle de ce que nous avons pu y étudier.

Qu'il nous soit donc permis de feuilleter avec vous, Messieurs, les pages de notre journal de voyage.

En vous soumettant les observations qu'il nous a été donné de faire, en vous faisant participer aux impressions *purement personnelles* d'une pérégrination de quelques jours, il nous semblera parcourir de nouveau, mais avec vous cette fois, les lieux que nous venons de quitter.

En nous rappelant l'intérêt que vous nous avez toujours montré, nous gravirons sans fatigues le chemin qui nous est tracé d'avance et si notre relation, forcément incomplète, soulève un jour les critiques de ceux dont la plume a déjà distillé sur nous un impuissant venin, fort de votre sympathique accueil, nous ne répondrons pas à leurs attaques.

Mais quittons bien vite ce ton prétencieux d'une préface toujours ennuyeuse, et confiant dans le railway qui nous entraîne, franchissons l'espace qui nous sépare des régions que nous allons explorer.

Nous ne nous arrêterons pas lontemps à la première étape qui se présente sur notre route ; il serait superflu de passer en revue la riche architecture

____

(1) Nous sommes heureux de témoigner ici publiquement à notre ami M. Philibert Lalande, l'expression de notre affectueux dévouement. Travailleur intelligent et plein d'avenir, il étudie avec ardeur le pays si intéressant qu'il habite ; déjà auteur de plusieurs découvertes importantes, c'est à lui que nous devons la majeure partie des renseignements historiques consignés dans ces pages, c'est lui qui nous a guidé dans nos explorations, lui qui a partagé avec nous ses trouvailles. Qu'il reçoive de nouveau nos remerciements, l'hommage de notre fraternelle reconnaissance.

bizantine de Saint-Front que vous connaissez tous,
dé décrire la tour de Vesone, où gisent cachés sous
les ronces et les tiges flexibles du *Circœa lutetiana*,
des fûts de colonnes à écailles imbriquées, des
chapiteaux délicatement fouillés, abandonnés aux
injures du temps, comme si l'insouciance était la
seule déesse que l'on puisse évoquer aujourd'hui dans
l'antique cella du temple ; Il serait inutile de vous
faire affronter les aboiements du Cerbère chargé de
la garde du musée, que le gâteau de miel révélé par
un son métallique ne put forcer à enfreindre sa
consigne, mais ce serait justice de vous exalter la
bienveillance et l'affabilité d'un habitant de la vieille
ville dont nous regrettons de ne pas savoir le nom
et grâce aux soins duquel les portes défendues par
le vertueux concierge en jupons, tombèrent mais
non sans une vigoureuse attaque pour nous livrer
passage.

Il serait trop long de reproduire ici le catalogue
des objets entassés dans l'humide sanctuaire, nous
renvoyons pour les détails à ce spécimen de la
typographie périgourdine, seulement avant de remercier notre complaisant cicerone, nous nous étonne-
rons de la pauvreté des types anti-historiques (que
quelques-uns en dépit de tous continuent à qualifier
de celtiques) établis dans les vitrines du musée.
Ecornebœuf, cette localité classique, montre non
loin delà les pentes rapides de son coteau, vœuf des
trésors qu'il renfermait depuis tant de siècles, trésors
dispersés, Dieu sait où.

En face d'un bloc informe de brèche osseuse, des
éclats et de quelques lames de silex sans retouche
que nous voyons soigneusement étalés, un nom vient
errer sur nos lèvres, ne le prononçons pas ; ce *don
généreux* suffira seul pour perpétuer, dans le chef-lieu

de la Dordogne, le souvenir du savant anglais dont les grottes du Périgord *déplorent* la perte prématurée.

Avant de quitter le musée nous voudrions vous faire admirer la splendide mosaïque tout récemment découverte, qui un jour espérons le, obtiendra une place d'honneur ; malheureusement les deux heures de halte que nous avions à employer sont déjà écoulées, la cloche du départ nous appelle, repartons bien vite pour Brives, centre de nos pérégrinations, non cependant sans goûter quelques types du savoureux cryptogame dont s'énorgueillit à bon droit la Dordogne, non plus sans engager M. Des Moulins à venir vérifier sur place, aux abords de la gare, si ce qu'il appelle *diluvium rouge* recouvert par le *diluvium gris*, notamment dans le bassin du Couzeau, ne serait pas plutôt le dépôt des *argiles à silex.*

Les lumières scintillantes de Brives plongées dans les vapeurs du soir nous décélaient seules sa présence, quand les sifflements prolongés de la locomotive et la voix chevrotante des conducteurs du train, nous apprirent suffisamment que nous étions enfin rendu.

Une affectueuse hospitalité nous était gracieusement offerte ; après quelques heures passées dans un repos réparateur, guidé par le jeune savant qui ne devait plus nous quitter, notre première visite fut pour la ville.

Située dans la plantureuse vallée qu'arrose la rivière de la Corrèze, Brives par sa position topographique, entourée de sa verdoyante ceinture de boulevards, délicieuse promenade tracée sur l'emplacement même de ses anciens remparts, mériterait une mention toute spéciale quand bien même elle serait vide de ses monuments remarquables à plus d'un titre.

Dans la rue des Frères nous pumes en admirer plusieurs. Là, ce sont les restes du couvent Sainte-Claire de la fin du XIIe siècle, avec façade ornée de billettes soutenues par des modillons et des traces d'arcatures avec moulures également en billettes; plus loin des maisons des XIVe et XVe siècles, avec fenêtres à meneaux d'une belle conservation; ici le collége riche bâtiment de la deuxième moitié du XVIIe siècle, faisant suite à la Gendarmerie établie dans l'ancien couvent de Sainte-Ursule; mais le bouquet sans aucun doute, est le petit séminaire.

Dans la cour principale deux façades captivent l'attention. Les fenêtres aux fouillures si riches et si variées, les cheminées monumentales, les bustes sculptés en consoles sous les fenêtres avec une rare vigueur et des poses d'un caractère saisissant, font de ce monument un des plus riches ornements de la Renaissance.

Les tracas de fin d'année nous empêchèrent de visiter les appartements intérieurs, dont la richesse nous était décélée par les sculptures d'un escalier monumental que nous ne fîmes qu'entrevoir et nos regrets s'accrurent quand sur notre demande il nous fut répondu que le directeur, zélé botaniste, ne pouvait nous recevoir en ce moment.

La vieille église romane sous le vocable de Saint-Pierre, où Louis XI entendit la messe; l'église de Brives dédiée à Saint-Martin, à chœur et transept du XIe siècle, à fenêtres à lancettes ogivales du XIIIe; la maison à tourelles en application du XVe siècle, sur la petite place une autre maison de la même époque avec tour hexagone du XVIe siècle, sont autant de restes qui tous mériteraient une description détaillée, mais que les limites de cette rapide revue ne nous permettent pas de décrire même succinctement.

Mentionnons en passant les ruines du pont romain que l'on voit sur la Corrèze à 1 kilomètre de Brives ; plus loin, à 1 kilomètre 1/2, Malcroix.

L'auteur de l'histoire du Bas-Limousin *(Marvaud, t. 1ᵉʳ p. 29. 1842.)* désigne sur la colline de ce nom, où s'élève aujourd'hui le signe du salut, l'emplacement d'un dolmen. Nous ignorons sur quels motifs il se base pour affirmer le fait ; probablement il aura vu un dolmen dans le bloc de grès bigarré que l'on a surmonté d'une croix, bloc dénudé à sa base par les agents atmosphériques comme tant d'autres de la contrée qu'un examen superficiel ou une tendance au merveilleux lui a fait considérer comme les témoins d'une civilisation primitive.

L'un des principaux mobiles de notre voyage était l'examen de grottes situés dans les environs de Brives ; le second jour de notre arrivée, le mardi 1ᵉʳ août, nous eûmes hâte de les explorer

Ces grottes doivent être divisées en deux catégories distinctes : grottes naturelles et grottes taillées de main d'homme. Les premières seules nous intéressaient particulièrement.

Après avoir pris la route de Toulouse, que nous ne tardons pas à laisser à droite, nous pumes examiner les assises puissantes de grès bigarré, dont nous avions constaté les affleurements au bas de la côte à quelques centaines de pas de Brives, et visiter les carrières ouvertes dans le voisinage. Tout en nous dirigeant vers la vallée pour gagner la colline opposée, sur le flanc de laquelle nous appercevons la grotte de Cumbanegra, nous cueillons les espèces végétales suivantes : *Gypsophila muralis, Lychnis diurna, Gnaphalium sylvaticum, Wahlembergia hederacea, Campanula patula, Erica scoparia, Verbascum nigrum*, *Annarrhinum bellidifolium*, *Cyperus flavescens*, et dans les anfractuosités humides des rochers de grès bigarré : les *Drosera rotundifolia*, *Oxalis acetosella*, *Chrysosplenium oppositifolium*, *Aspidium aculeatum*, *Asplenium adiantum nigrum*, *Adiantum capillus veneris*.

La grotte de Cumbanegra, creusée dans le grès bigarré et à moitié cachée par un bois de châtaigners sur les troncs desquels nous récoltons le *Lobaria pulmonaria,* s'ouvre dans la direction S. E. et domine la vallée qu'arrose un léger ruisseau.

Après plusieurs heures de fouilles pratiquées à une profondeur moyenne de 80 centimètres, nous avions réuni un petit nombre de silex taillés, tous de types identiques à ceux des nombreuses grottes jusqu'ici explorées sur plusieurs points de la France.

Nos constatations établies, il nous restait à visiter les grottes de Lamouroux, au nombre d'une quarantaine, disposées sur trois étages supperposés, exposées au N. E., toutes creusées de main d'homme et entièrement privées de sol ; il était inutile d'entreprendre des fouilles qui n'auraient abouti à aucun résultat.

Quoique vierges de débris anté-historiques, les grottes de Lamouroux sont éminemment remarquables. Afin de ne pas anticiper sur un prochain travail, nous ne les décrirons point ici , nous ne pouvons cependant nous empêcher de signaler les auges taillées dans la paroi des deux plus vastes, où l'on voit les mangeoires circulaires et les trous destinés à attacher les animaux, portant encore la trace des liens qui les retenaient.

A quelle époque doit-on les faire remonter, quelle horde les a habitées, sont des énigmes que nous tâcherons de résoudre, sans pour cela suivre l'exemple de M. Marvaud en venant y évoquer des souvenirs d'amour *(loc. cit. p. 9.).*

Le nom de Grottes des Amoureux, dont il les baptise, pourrait très-bien se prêter, nous en convenons, au récit d'une pastorale épisode, mais il est hélas complétement faux. Celui de Lamouroux, sous lequel elles sont généralement connues, leur vient tout simplement d'une localité voisine ; pourquoi la vérité nous force-t-elle a ne pas poétiser, nous aussi, ce nom tant soit peu prosaïque ? pourquoi ne nous est-il pas donné de vous faire assister, sous ces antiques voûtes, au dénouement de quelque secret hyménée et de vous répéter, comme s'ils étaient d'hier, ces vers que nous avons tous appris :

« *Speluncam Dido dux et Trojanus eamdem*
« *Deveniunt : prima et Tellus et pronuba Juno*
« *Dant signum ; fulsere ignes, et conscius œther*
« *Connubiis; summoque ululârunt vertice nymphæ! »*

Le soleil baissait à l'horizon, nous effectuâmes notre rentrée à Brives en passant par le village de Jensavi et tout près de là, sur les montagnes de Chèvre-Cujol nous pûmes relever une faille et vérifier la position, en stratification discordante de l'étage du Lias inférieur sur le grès bigarré

Le mercredi 2 Août, nous partions au point du jour pour visiter le monastère d'Obazine et les régions environnantes.

Après avoir passé le village de Dampniat où nous crayonnous le clocher fortifié du XVe siècle, nous nous engageons dans la gorge du Coustal.

Par l'étroit sentier qui serpente sur le flanc escarpé de la montagne sous l'ombre épaisse de chataigners séculaires nous cheminons silencieux ;

nous sommes à deux cents pieds au-dessus du Gave dont les eaux limpides roulent sur une ossature de micaschistes, sur les bords taillés à pic où nous descendons en prenant quelques exemplaires d'*Helianthemum guttatum,* et de beaux échantillons d'un *Verbascum* supposé hybride destinés à un de nos meilleurs amis M. A. FRANCHET botaniste et archéo-géologue distingué, nous cueillons les *Saponaria officinalis, Epilobium montanum, Scutellaria galericulata, Osmunda regalis, Polysticum filix mas, Blechnum spicant,* et quittant à regret ces sites sauvages nous gagnons la vallée de la Rouanne affluent de la Corrèze où elle se jette, non loin du pont rustique sous lequel la pluie qui menaçait depuis notre départ nous oblige à séjourner quelques instants.

Jusqu'à Obazine ou nous arrivons bientôt nous marchons sur les micaschistes et nous ajoutons à nos récoltes précédentes les *Cucubalus bacciferus, Hypericum humifusum, Illecebrum verticillatum, Sedum purpurascens, Umbilicus pendulinus* et quelques maigres échantillons d'*Anthoxantum Puellii.*

L'ancienne église conventuelle d'Obazine du XIIe siècle, restaurée au XVIIe, est un des beaux monuments du Bas-Limousin. Elle affecte la forme d'une croix latine. Quelques détails de sculpture doivent être examinés aux chapiteaux des colonnes de la nef et des bas côtés. Dans le cœur on voit encore dans leur fraîcheur première les stalles en chêne sculpté où s'asseyaient les moines réunis par Saint-Etienne.

Parallèlement à l'autel principal plusieurs chapelles faisant face aux bas côtés n'ont rien de bien saillant dans leur ornementation, si l'on en excepte les restes de fresques assez bien conservés dont une sur le coté gauche mériterait d'être reproduite. Le corps du Christ étendu, porte sur toutes ses parties les stygmates de la passion, à ses pieds la Vierge est prosternée dans l'attitude de la douleur et de la prière, à droite un personnage méconnaissable, probablement le père éternel, se tient debout, au-dessous dans un encadrement distinct, plusieurs autres personnages également méconnaissables semblent marcher processionnellement, une inscription à demi effacée est tracée entre chacun d'eux.

Au milieu de tous ces curieux détails d'architecture et de peinture murales, le tombeau du fondateur d'Obasine placé dans le fond du transsept, fait à lui seul le plus bel ornement de l'église.

Des faisceaux de colonettes formant une galerie à ouvertures ogivales et surmontés d'une frise ornée de rosaces finement découpées supportent une table prismatique dont chaque face est divisée en quatre espaces de forme ogivale. Dans le premier de la face de gauche, la vierge assise et couronnée tenant l'enfant jésus sur ses genoux, est sculptée en relief, le second est occupé par des moines debout s'avançant en ordre sous leurs habits de pénitence, des religieuses occupent le troisième, dans le quatrième des bergers au costume primitif gardent leurs troupeaux. Sur la face de droite, les mêmes scènes sont reproduites, seulement moines, religieuses et bergers sortent de leurs tombeaux.

Sur la dalle qui sert de socle à ce riche mausolée est étendue la statue de Saint-Etienne, la tête en a été fortement détériorée par la dévotion des habitants, avides de se procurer à l'aide d'un grattage réitéré quelqu'atôme de cette poussière bénite, à laquelle ils attribuent le pouvoir de les guérir de certains maux.

Ne quittons pas la vieille basilique sans noter plusieurs pierres tombales inscrustées dans le pavé du sanctuaire et du bas côté de gauche, pierres sur lesquelles l'usure du temps peut-être aussi une main profane a effacé les armoiries dont on ne peut que constater les traces ; admirons les deux bahuts style byzantin en chêne avec leurs serrures chef-d'œuvre d'un habile ouvrier, que le manque de temps ne nous permet pas de dessiner sur notre album, et signalons les restes de l'abbaye assis sur leurs solides fondements.

Après avoir goûté à là cascade tombant du haut de la colline l'eau amenée au monastère par le canal des Moines, œuvre gigantesque de quelques pieux cénobites, nous franchissons les pics qui dominent Obazine.

La nature sauvage de ces lieux déserts nous apparait dans toute sa nudité. La région granitique commence, une végétation aride, représentée par quelques châtaigners rabougris, et les *Calluna vulgaris*, *Erica cinerea*, *tetralix* et *ciliaris*, cache seule les fragments de granit erruptif et les filons de quartz amorphe qui miroitent à nos yeux. Encore quelques pas et nous aurons atteint le Puy-Pauliac où nous devons fouiller un Dolmen et lever le plan d'une enceinte de pierres, avant de prendre le versant Nord-Ouest de la montagne, pour nous engager dans les gorges profondes de Coiroux.

Du sommet de Puy-Pauliac dont nous foulons la cime, la vue s'étend sur un immense horizon. Sur le premier plan, Roche-de-Vicq ou existait dit-on une forteresse gauloise, ce qu'il ne nous est pas possible de vérifier, plus loin Issandon, que nous visiterons dans quelques jours, au Nord les Monedières ou la Corrèze et la Vezère prennent leur source, à l'Est enfin les montagnes d'Auvergne, que nous distinguons comme une vapeur et que nous saluons avec un soupir de regret.

Nous avons parlé d'un Dolmen et d'un Cromleck, arrachons nous à notre muette contemplation et reprenons la pioche de l'archéo-géologue.

Une déception cruelle nous attendait. Quelques débris informes de poteries mal cuites et un disque de même nature, furent les seuls objets que nous obtinmes après plusieurs heures de fouilles sous la cella du Dolmen, mais la vue du Cromleck découvert comme le Dolmen par notre ami M. P..Lalande, nous fit bien vite oublier les ennuis d'un espoir déçu.

Quel est celui, qui au milieu de cette enceinte de 35 mètres de diamètre, environné de 58 pierres debout qui la composent, en face du monolithe de 3 mètres placé au centre du monument, pourrait rester indifférent et ne pas oublier ses fatigues?

Il nous faut laisser Puy-Pauliac et redescendre à travers les blocs de rochers granitiques épars du sommet à la base. Nous avouons humblement que malgré notre bon vouloir nous ne pouvons reconnaître dans cet assemblage « *l'ouvrage d'un peuple de géants* » pour nous « *ces rochers gigantesques placés dans un ordre stratégique* » « *ces forteresses, ces autels, ces tombeaux, ces circonvallations* » toute cette réunion plus qu'étonnante de monuments hypothétiques décrits avec emphase, ne sont rien moins que de modestes rochers où, le géologue a pu comme nous émousser la pointe de son marteau, mais que « *la grande nation Gallo-Kimryguc* » n'a fait servir à aucun usage.

Le Puy-Pauliac n'est pas le seul ou de semblables accidents se présentent. Sur chaque colline, sur le plus humble plateau, on peut tous les jours voir des fragments de rochers granitiques ou crétacés, qui ne réclament en rien l'honneur qu'on voudrait s'efforcer de leur rendre et qui, si la parole pouvait leur être un instant donnée, diraient au poétique auteur de l'histoire du Bas-Limousin : pourquoi vous évertuer à nous rendre célèbres, pourquoi nous qualifier de noms imaginaires, quand à côté de nous il y a des monuments que vous n'avez pas voulu voir, qui s'étonnent à bon droit d'être dédaignés pour nous ?

Du pied de Puy-Pauliac où nous sommes descendus après avoir saisi dans les bruyères deux *Acrydium peregrinum*, seuls représentants entomologiques de cette aride station, nous nous dirigeons à travers une lande marécageuse dans la direction de Coiroux en butinant sur notre chemin les *Spergula arvensis*, *Corrigiola littoralis*, *Digitalis purpurea* en fruits, *Scutellaria minor* et *Pteris aquilina* à frondes chargées de magnifiques sporanges.

Le grondement du torrent creusé dans son lit de granite nous annonce que nous sommes à Coiroux. Du haut des rochers entassés pêle-mêle, nous plongeons nos regards dans les profondeurs de l'escarpement ; à travers l'obscurité causée par l'éloignement, une lueur passagère suivie d'une fumée épaisse, qui s'élève en tourbillonnant et s'étend en un noir manteau sur le flanc des pics voisins, nous annonce que des êtres vivants se meuvent au-dessous de nous à une profondeur de 300 pieds.

Accrochés aux branches des *Alnus glutinosa* et de quelques rares pieds de *Quercus pedunculata*, qui pendent sur l'abîme, nous cotoyons le limpide canal des Moines déjà vu à Obazine et nous descendons la pente escarpée en laissant à droite le Sault-de-la-Bergère que nous ne voulons pas affronter malgré sa légende, afin d'observer de plus près quelques rares habitants venus là pour paître de maigres troupeaux de moutons.

Types des populations que nous avons rencontrées dans la montagne depuis le commencement de nos explorations, nous pouvons résumer les caractères qui les spécifient.

D'une stature petite, les hommes doivent être robustes bien que leurs membres se montrent assez grêles ; leurs cheveux sont noirs et courts, la couleur du teint fortement bistrée, la tête arrondie, la base du crâne large dans sa partie médiane, les yeux d'une mobilité extrême et légèrement saillants, les lèvres fortement accusées, avec le maxillaire inférieur un peu proéminent, les dents blanches, courtes et tranchantes. C'est le type brachycéphale avec trace de prognatisme.

Les femmes possèdent tous ces éléments caractéritiques, leurs traits moins accentués que chez les hommes et d'un ensemble assez régulier et expressif chez les jeunes filles, donnent à la face chez les individus adultes un aspect large et aplati, les seins sont peu développés, tandis que le bassin large, les hanches proéminentes et musculeuses, dénotent des conditions favorables pour la parturition.

Bien qu'établies sur des terrains granitiques on ne peut à l'exemple de M. Trémaux, attribuer à l'influence des stations géologiques, l'aspect misérable de ces populations. Il n'est comme le dit avec raison, M. d'Omalius d'Halloy, que le résulat forcé de leur état social et de leur genre de vie presque solitaire, sous leurs cabanes de terre et de branchages, au centre d'une contrée aride et peu habitée.

Au point où la gorge de Coiroux s'élargit pour s'ouvrir dans la vallée, nous passons au pied des ruines de l'ancien Cloître de femmes, où le temps n'a pas entièrement effacé les traces de fresques de sa chapelle. A une courte distance nous traversons le village de Vergonzac, pour nous engager dans la vallée de la Corrèze, ou nous prenons plusieurs échantillons de micaschistes dans les tranchées de la route de Tulle et nous atteignons rapidement Malmort, avec les restes de son donjon féodal, ancien séjour des seigneurs DE BEAUFORT.

Mais la nuit qui s'avance nous empêche de le visiter et nous rentrons à Brives au grand contentement de nos jambes, désireuses après un trajet de 45 kilomètres de jouir de quelque temps d'arrêt.

Les exploitations d'ardoises entraient pour une large part dans notre programme ; le lendemain, jeudi 3 Août, nous dûmes nous y transporter.

Mieux favorisés que la veille, la voiture d'un obligeant briviste nous attendait à cinq heures, amplement garnie de provisions de bouche.

A la sortie de la ville par le pont jeté sur la Corrèze, nous montons à pied la rapide côte de la Pigeonnie, toujours dans les grès bigarrés, avec son cortége de plantes propres aux terrains siliceux, et où dominent les *Epilobium montanum* et *Blechnum Spicant.*

Nous laissons à droite, à une assez longue distance, les montagnes des Saulières, où existait un prieuré au XIIIᵉ siècle et où, paraîtrait-il, on vient de découvrir tout récemment une source d'eau minérale ; Donzenac avec son beau clocher du XIVᵉ siècle, ainsi que les premières exploitations d'ardoises de Travassac, non portées sur l'itinéraire de la journée.

Entre Donzenac et Allassac nous mettons pied à terre pour prendre des échantillons de grès houiller parfaitement en place dans un ravin du bord de la route, et que nous retrouverons aux abords des puits pratiqués pour l'extraction de la houille, aujourd'hui complétement abandonnés.

A Allassac, les schistes ardoisiers se montrent dans toute leur puissance. Nous passons au pied de la vieille tour ronde du XIIIe siècle, donjon de l'ancien château des seigneurs de ROUFFIGNAC, couronné de machicoulis , et appelé improprement Tour de César. Les matériaux employés à sa construction (blocs de schiste) ne nous permettent pas de spécifier le genre d'appareil.

Nous nous hâtons de descendre la route qui conduit à la belle propriété de la Sauvezie, tout proche du Saillant où nous attend un confortable déjeuner augmenté d'assez nombreux exemplaires de *Boletus edulis* achetés au sortir d'Allassac, et que l'un de nous se fait un devoir de préparer consciencieusement en gastronome consommé. Cependant les apprêts du déjeuner sont impuissants à nous empêcher de visiter immédiatement les puits d'extraction de houille, où une seule empreinte de *Pecopteris aquilina* et quelques échantillons de grès s'ajoutent à nos récoltes, ainsi qu'un champ voisin, probablement station romaine où, parmi des fragments de briques à rebords, nous avons la bonne fortune de déterrer une brique d'appareil de 8 centimètres d'épaisseur sur 25 centimètres de largeur, portant sur l'une de ses faces trois rainures larges de 2 centimètres.

Reconfortés par un excellent produit des vignes disposées en amphithéâtre sur les collines voisines, nous partons pour les ardoisières.

En traversant le village du Saillant, où nous examinons rapidement le château des seigneurs du lieu, il nous est donné d'observer un changement complet dans le type des habitants de cette région.

Aux environs d'Obazine, considérés comme résumant l'ensemble des populations étudiées les jours précédents, nous avons vu le type brachycéphale ; là, au contraire, le type dolychocéphale domine.

Chez les hommes, la stature est plus haute, les membres mieux proportionnés, la face plus allongée, la forme de la tête plus elliptique, la base du crâne moins large, à proéminence occipitale accusée.

De longs cheveux blonds et soyeux, des yeux d'un bleu pâle, doux et expressifs, une carnation rosée et comme transparente, une musculature puissante dans la partie inférieure du corps, l'ensemble de la figure ovale, les seins proéminents et bien conformés, les hanches aux contours arrondis, le bassin ample sont les caractères propres aux femmes de cette partie du Bas-Limousin.

On parvient aux ardoisières par un chemin qui borde la Vézère, de nombreuses îles couvertes d'arbres et formées par les détours multipliés de la rivière, à partir de la gorge où elle tombe en cascade, et connue sous le nom de Sault-du-Saumon, donnent au paysage un aspect entièrement différent des sites que nous avons décrits. En avançant, la vallée se resserre, les schistes, fortement inclinés, suivant une direction du Nord au Sud, se redressent en atteignant une hauteur de 400 pieds et sont recouverts, sur certains points, par des traînées de granite eruptif qui, par places, se dressent en aiguilles, par suite de dénudations.

C'est là que sont les exploitations.

L'extraction des ardoises se fait à ciel ouvert, à l'aide de tranchées de quelques mètres de largeur. Quatre ou cinq ouvriers, par le moyen de forts leviers en fer placés entre les fissures des schistes, font tomber des blocs volumineux qu'ils débitent grossièrement. Portés à une petite distance, ils sont remis à d'autres ouvriers, enfants et vieillards, dont tout le savoir consiste à enlever les feuillets du bloc, à l'aide d'un marteau et d'un ciseau en fer. Ils leur donnent après la forme d'un parallélogramme, et les ardoises sont prêtes à être employées.

Ces exploitations sont de peu d'importance, au point de vue commercial ; le débit des matériaux se fait presque uniquement dans les environs des carrières ou dans le département. Les ardoises dures, nous ont paru de médiocre qualité. Fort épaisses, comparées à celles exploitées sur une vaste échelle, dans les autres départements de la France, où des gisements analogues existent, si elles présentent l'avantage d'être moins fragiles, en revanche elles ont l'inconvénient d'être plus lourdes et de se laisser difficilement façonner.

La puissance des schistes exploités oscille entre 80 et 100 mètres.

Ce fut inutilement que nous restâmes plusieurs heures a examiner les débris de chaque atelier, afin d'y rencontrer des empreintes de plantes fossiles, les renseignements fournis par les ouvriers nous avaient trompés.

Si les empreintes désirées faisaient défaut, « *les traces de lave et les amas de scories rejetées par les volcans d'hier* » étaient bien plus attrayantes à trouver ; pourtant nous ne crûmes pas devoir les chercher malgré l'affirmation catégorique de l'auteur de l'histoire du Bas-Limousin, dont nous plaignons sincèrement les lecteurs qui le croiraient sur parole, si les données historiques de son ouvrage sont aussi inexactes, aussi fabuleuses que les renseignements géologiques qu'il s'est pris un jour à rêver.

Tout en écoutant le récit du séjour de MIRABEAU au château du Saillant et de ses exploits dans les gorges de la Vézère, exploits que notre auteur de l'histoire du Bas-Limousin appelle des méditations, mot peu propre, il faut en convenir, pour exprimer le genre de chasse à laquelle s'adonnait le fougueux orateur de 89, nous avons quitté les carrières d'ardoises.

N'ayant plus rien d'important à visiter, nous nous disposons à rentrer au gîte en passant par Saint-Viance.

L'absence du curé de la paroisse de ce nom, nous empêche de voir la châsse émaillée que possède l'église, mais nous nous consolons de cette contrariété, en cueillant de beaux et nombreux échantillons du rare *Oxalis Navieri*, après avoir franchi la vallée de la Vézère, sous la pluie torrentielle que nous n'avons pu éviter.

Le train de six heures du matin nous emportait, le vendredi 4 Août, dans la direction d'Issandon.

Descendus à la station de Mansac, nous marchons sur le diluvium inférieur, réparti dans toute la vallée de la Vézère. A six kilomètres environ, nous retrouvons les grès bigarrés qui affleurent aux abords de la station et dont nous prenons un exemplaire, puis, ne trouvant rien à recueillir qu'un couple d'*Helix pomatia*, nous parvenons par un chemin tortueux à la base du pic d'Issandon.

Les marnes du lias inférieur, sans restes de corps organisés, à l'exception d'un fragment d'*Ostrea arcuata,* commencent à se montrer et forment en partie le pic.

A côté du village, où la fréquence du goître chez les individus des deux sexes nous rappelle certaines vallées des Alpes, sur le point le plus culminant que nous avons rapidement escaladé, une tour d'observation du XIVe siècle tombe en ruines. On peut encore retrouver les substructions d'une enceinte en carré long flanquée à son extrémité opposée, d'une seconde tour dont on reconnaît difficilement les fondations.

A côté de la butte d'Issandon, séparé par un affaissement du sol semblable à un immense fossé, se dresse le roc du Chalard.

Après avoir reçu, dans une habitation élevée sur sa crête, la plus gracieuse hospitalité, nous étudions attentivement l'emplacement de la station gauloise, relevée pour la première fois par M. Ph. LALANDE.

L'heureux propriétaire, qui avait bien voulu nous guider, nous montra les nombreux objets gaulois en bronze qu'il y a découverts, consistant principalement en monnaies, fibules, perles de collier.

Une monnaie en argent surtout, nous semble présenter un très-grand intérêt (1).

Sur l'emplacement de la station gauloise dut s'élever un poste d'observation romain. Trois enceintes concentriques y sont manifestes. La première entourait la base du mamelon, où une fontaine fut découverte il y a quelques années. Les fouilles procurèrent des pierres de grand appareil retenues par des crampons en fer, des briques à rebord, et de nombreux tessons de poteries.

---

(1) Cette monnaie d'argent, qui sera décrite dans le travail que nous préparons en ce moment, paraîtrait entièrement nouvelle. Sur une empreinte que nous avons prise, grâce à l'obligeance de son propriétaire, nous avons pu obtenir un beau moule en plâtre qui, en ce moment, est soumis à l'examen de MM. HYRVOIX, PARENTEAU et FILLON, numismates d'un profond savoir. En prenant date pour notre travail, nous croyons faire acte de justice vis-à-vis de notre ami PHILIBERT LALANDE, le premier qui ait su l'apprécier et qui nous l'a fait connaître. Dans le cas où un autre viendrait la décrire et s'en approprier la découverte, il serait facile par cette prise de date de remonter à la source des choses.

A peu de distance se trouvent les vestiges d'une voie romaine.

La rédaction d'un travail d'ensemble sur ces importantes trouvailles ne nous permet pas d'entrer dans un exposé plus complet des richesses du Chalard. Contentons-nous aujourd'hui de prendre date pour ce travail.

Cinquante kilomètres à peine nous séparaient du Puy-d'Issolud, où quelques-uns placent *Uxellodunum*. Nous ne pouvions plus dignement clore la série de nos explorations qu'en allant le visiter.

Le 5 Août, nous mettions à exécution ce projet caressé depuis quelques jours.

Traversons le tunnel de Monplaisir, ouvert dans les assises du grés bigarré, et d'une longueur de 2,500 mètres, laissons sur les hauteurs les châteaux de Croze, de Cavagnac, de Blanat, tous trois dans le département du Lot, et descendons à Saint-Denis.

Le pic d'Issolud est devant nous.

Un paysan au jarret d'acier nous dirige dans le sentier qui conduit au plateau à travers les assises du lias inférieur. Sur ce plateau, d'une vaste étendue, il nous fait remarquer des restes de substructions, la place qu'occupaient les tombes nombreuses que l'on y a découvert. Nous côtoyons en les examinant avec soin tout le pourtour des anciens remparts. Des fouilles ont été pratiquées de distance en distance, et nous reconnaissons parfaitement les ruines de cette circonvallation.

Nous descendons au couchant afin de reconnaître la partie connue dans le pays sous le nom de Porte-de-Rome, et qui consiste en deux rochers naturels situés sur deux côtés d'un étroit chemin. Nous ne voyons dans cette disposition qu'un jeu de la nature, utilisé peut-être à une époque éloignée, qui cependant, pourrait ne devoir son nom qu'à la tendance des gens du pays à voir du merveilleux dans des rochers plus ou moins régulièrement engencés, au pied même d'une localité où abondent les restes d'une ancienne civilisation.

Plus tard, des fouilles profondes ont été pratiquées pour découvrir un canal construit de main d'homme que plusieurs archéologues supposent avoir été fait par l'armée romaine, dans le but de détourner les eaux d'une fontaine qui alimentait *Uxellodunum.*

Un grand nombre d'objets, nous dit notre guide, ont été trouvés dans ces fouilles. Nous-mêmes avons la bonne fortune d'y ramasser une pointe de flèche en fer et d'assez bons fragments de poteries.

Tous ces objets sont bien évidemment gallo-romains. Jusqu'ici rien de gaulois n'a été découvert.

Une monnaie gauloise en bronze, entièrement fruste et deux anneaux également en bronze, que leur propriétaire se refuse à nous livrer, même à prix d'argent, recueillis tout-à-fait à la base de la montagne, méritent cependant d'être signalés.

Le Puy-d'Issolud, où plusieurs archéologues d'un profond savoir indiquent l'emplacement d'*Uxellodunum*, présente toutes les conditions stratégiques dont César qualifie cette ville. On peut lui appliquer cette phrase des Commentaires :

« *Flumen infimam vallem dividebat, quæ pene totum montem cingebat, in quo positum erat præruptum undique oppidum Uxellodunum.* »

Mais nous le répétons, jusqu'à présent aucun débris gaulois n'a été découvert. Ne négligerait-on pas un peu trop ce crytérium ?

Quoi qu'il en soit, nous n'entreprendrons pas maintenant de discuter cette difficile question; nous avons besoin, avant de donner notre opinion, d'étayer nos convictions par des faits que nous n'avons pu encore suffisamment élucider.

En quittant le pic d'Issolud et ses rares habitants au type brachycéphale, mais d'une constitution plus forte, d'une intelligence plus développée que chez ceux des pics avoisinant Obazine, quelques plantes, telles que les *Scrophularia canina* et *Euphorbia cyparissias,* méritent de prendre place dans nos cartables.

Au delà du pont qui traverse le ruisseau de la Tourmente, en face de la gare de Saint-Denis, les puissantes assises du lias nous invitent à nous arrêter.

Là, nous récoltons les *Belemnites acutus,* quelques fragments d'*Ammonites bisulcatus,* une *Perna,* des *Pecten* indéterminés, et l'*Ostrea arcuata.*

De Saint-Denis, nous gagnons Turenne. Dans les tranchées et les carrières du bord de la route ouvertes dans le lias supérieur, nous trouvons les *Belemnites tripartitus, Ammonites serpentinus* et *bifrons, Lima gigantea,* quelques *Pecten* et des fragments de bois convertis en lignites, et nous montons à Turenne en cherchant vainement une exploitation de calcaire pour chaux hydraulique, qui nous avait été indiquée.

Une tour ronde du XIIe siècle, avec une terrasse quadrangulaire, et une autre tour carrée du XIVe siècle sont tout ce qui reste du beau et célèbre château de Turenne. Le temps nous fait défaut pour examiner ces ruines dans tous leurs détails, car il nous reste une longue route à parcourir avant de joindre Nazareth, notre avant-dernière étape.

Un séjour de plusieurs heures serait insuffisant pour étudier, même superficiellement, les richesses archéologiques de ce village intéressant. Ancienne commanderie de Templiers, chaque maison porte le cachet de l'architecture des XIVe et XVe siècles.

Nous quittons à regret cette station, après avoir crayonné quelques-uns de ses détails archéologiques les plus saillants, et laissant à notre gauche les plateaux oolitiques voisins pour retomber dans les assises du lias inférieur et des grès bigarrés au village de Monplaisir, nous rentrons à Brives, assaillis par une pluie battante.

Cette rapide course que nous venions d'effectuer clôturait la série de nos explorations; le programme de notre voyage, fructueusement rempli, touchait à sa fin. Il nous fallait quitter Brives; aussi, le dimanche 6 Août, nous reprenions la route que huit jours auparavant nous avions parcourue, mais non sans avoir promis de revenir un jour visiter ces parages, que la franche amitié d'un collègue, son dévouement et sa fraternelle hospitalité ne contribuent pas peu à rendre chers, bien chers à nos souvenirs!

Angoulême, 8 Août 1865.

NOTICE SUR LA COMMUNE DE MIGRÉ.

NOTICE

SUR

LA COMMUNE DE MIGRÉ

(CANTON DE LOULAY).

PAR

MM. A. BARIL ET A. VINET

Membres titulaires de la Société historique et scientifique
de Saint-Jean-d'Angély.

HISTOIRE.

—

I.

Étymologie.

Étymologie. — Migré a été un vicus gaulois dont
le nom, dérivé de Migy, signifiait territoire de Mer-
cure (1). Les Romains s'y établirent ensuite, et l'on
y voit encore des débris qui attestent leur passage.
Une piscine romaine, avec pièces romaines, a été
découverte au lieu dit la Grand-Leigne (2). Des
briques et des fragments de mosaïque ont aussi été
découverts au Moulin-de-la-Tanière (3).

---

(1) Lesson, *Marches de la Saintonge.*
(2) Section D, nº 1.
(3) Section, nº 11.

II.

Statistique.

Superficie. — La superficie de son territoire est de 1,427 hectares 79 ares, divisés comme suit, en :

Terres labourables........	873	hectares	49	ares.
Vignes..................	224	—	80	—
Prés....................	113	—	43	—
Bois (essence chêne)......	161	—	50	—
Jardins..................	9	—	72	—
Terrains bâtis............	11	—	19	—
Terres vaines............	2	—	1	—
Total......	1,396	hectares	14	ares.
Terrains non imposables, tels que cimetière, église, presbytère, etc.........	0		55	
Chemins et ruisseaux.....	31		10	
Total général......	1,427	hectares	79	ares.

Population. — Sa population est de 746 habitants, composée comme suit en 202 ménages :

Sexe masculin	Garçons........... 174 Hommes mariés.... 184 Veufs............. 15		373
Sexe féminin	Filles .... 159 Femmes mariées... 184 Veuves............ 30		373
	Total......		746

La population tout entière professe la religion catholique romaine.

III.

Géographie.

Situation géographique. — Migré est situé à 5 kilomètres Nord-Ouest de Loulay, son chef-lieu de canton; à 16 kilomètres environ Nord de Saint-Jean-d'Angély, et 48 kilomètres environ Est de La Rochelle.

Limites. — Cette commune est bornée au Nord par celle de Dœuil, à l'Est par celles ds Villeneuve-la-Comtesse, de Vergné et de Lozay, au Sud par celle de Courant, et à l'Ouest par celles de Saint-Martin-de-la-Coudre et de Saint-Félix.

Villages et hameaux. — Outre le chef-lieu, qui a une population de **281** habitants, 13 villages ou hameaux sont compris dans la circonscription administrative de cette commune, savoir :

La Flamancherie	129	habitants.
La Grande-Tanière	99	—
La Petite-Tanière	52	—
La Cavatrie	75	—
Les Chaumes	35	—
La Pouillère	16	—
La Ferrière	10	—
La Fourche	12	—
La Dorlière	8	—
Le Moulin-de-Migré	6	—
Le Moulin-de-Sautreau	7	—
Le Moulin-des-Tanières	5	—
Thouars	11	—
Population éparse	465	—
— agglomérée	281	—
Population totale	746	habitants.

Chemins. — Cette commune possède 15,282 mètres da chemins vicinaux, 47,654 mètres de chemins ruraux. Ces chemins sont généralement en mauvais état. L'humidité du sol sur une grande partie de son territoire et la mauvaise qualité des matériaux que l'on emploie en rendent l'entretien difficile.

Elle est traversée en outre, de l'Est à l'Ouest, par le chemin de grande communication N° 2 d'Aulnay à Surgères, sur une longueur de 4,290 mètres.

Ruisseaux. — Le ruisseau de la Pierre, qui coule de l'Est à l'Ouest, et qui prend sa source sur le territoire de la commune de Loulay, est à sec pendant l'été.

Le ruisseau dit le Bief est souvent confondu avec le précédent parce que, pendant l'hiver, ils ne paraissent former qu'un seul et même cours d'eau. Mais pendant l'été, la source du ruisseau de la Pierre tarit tandis que celle du Bief, qui se trouve dans le lit même du ruisseau, un peu au-dessous du lieu dit le Gravaillon, ne tarit jamais, même pendant les années de grande sécheresse. En aval du Moulin-de-Sautreau, il prend le nom de Tournay ou Trézense et va se jeter dans la Boutonne, en amont du château de Luret.

Le Riveau, qui coule du Nord au Midi, prend sa source entre le village de la Cavatrie et Migré, et, comme le ruisseau de la Pierre, il est à sec pendant l'été. Il traverse le Bourg et se jette dans le Bief, près du château de Migré.

IV.

Industrie. — Commerce.

Culture. — Le sol, argilo-calcaire, est généralement bien cultivé et couvert de petites collines peu élevées dont la plupart, surtout au Nord, sont couvertes de vignes qui produisent d'excellents vins.

Une partie des vins rouges est consommée sur place, l'autre partie est livrée au commerce. Les vins blancs sont généralement convertis en eaux-de-vie ; leur rendement varie beaucoup. Pour faire 1 hectolitre d'eau-de-vie de 60 à 65 degrés de Gay-Lussac, on emploie de 6 à 8 hectolitres de vin, selon la qualité.

On cultive généralement la vigne à bras ; on emploie rarement la charrue.

Les principaux cépages sont : le balzac, le dégouttant, le blanc du pays, le blanc d'Aunis et quelques espèces de folle.

On plante la vigne de bouture du commencement d'avril à la fin de mai, et en quinconce, rarement autrement, sur 1 mètre à 1 mètre 20 centimètres en tous sens, dans des trous de 30 centimètres environ de profondeur, faits avec des barres de fer fabriquées pour cet usage.

La récolte des céréales dépasse généralement la consommation locale. Ses principaux produits sont : le froment, l'orge, l'avoine et le maïs. La pomme de terre est aussi beaucoup cultivée.

On cultive en outre, la navette, le colza, le chanvre et le lin, mais en petite quantité ; et comme prairies artificielles, dans les meilleures terres, le sainfoin, la luzerne et le trèfle.

L'assolement quinquennal est le plus en usage :

1re année, pommes de terres.
2e année, froment avec fumure.
3e année, froment avec fumure de tourteaux à l'huile.
4e année, avoine.
5e année, jachères.

Moulins. — Deux moulins, le moulin de Migré et le moulin de Sautreau, employés à la mouture des grains, sont situés sur le Bief : de plus, le propriétaire du moulin de Migré possède un moulin à vent qui remplace son moulin à eau quand celui-ci manque d'eau pendant l'été.

Le moulin de la Tanière n'existe plus. C'était un moulin à vent ; il a été démoli il y a quelques années. Il a donné son nom à un hameau, et avait été, suivant la chronique villageoise, bâti par les Anglais, sous Louis XIII.

Distilleries. — Vingt-deux distilleries à eau-de-vie de vin sont établies dans la commune. Quatorze appartiennent à des propriétaires qui s'en servent pour la distillation des vins provenant de leurs récoltes ; six appartiennent à des propriétaires patentés fabricants d'eaux-de-vie ; les deux autres appartiennent à des propriétaires ayant une licence, et sont louées à des propriétaires qui, ne possédant pas de distilleries, veulent convertir leurs récoltes de vin en eaux-de-vie.

Professions diverses. — Quoique la population soit essentiellement agricole, diverses professions sont néanmoins exercées.

On compte au chef-lieu : 1 boulanger; 2 forgerons ; 2 maçons-entrepreneurs; 1 cordonnier; 4 menuisiers; 3 tonneliers ; 1 maître-scieur-de-long; 1 tailleur d'habits; 2 cafetiers ; 3 marchands épiciers ; 1 poissonnier ; 1 crocheteur; 1 débitant de tabac, et 4 tisserands.

V.

Monuments.

Le château. — Migré possède un ancien château bâti sur pilotis et entouré d'eaux vives, mais qui a perdu son cachet primitif.

Il appartint successivement aux maisons de Surgères, de Clermont, de Brémont, et passa à celle d'Abzac par le mariage de la sœur du marquis de Migré avec Jacques d'Abzac, marquis de Mayac.

Ce château appartient aujourd'hui à Mme veuve Poineau. En 1794, il fut vendu, avec quelques-unes de ses dépendances, comme propriété nationale à la famille Doignon.

La ferme de la Dorlière, qui dépendait de la seigneurie de Migré, a été aussi vendue, comme propriété nationale, vers 1794, à M. Marchesseau. Elle appartient maintenant à son petit-fils, M. Ferdinand Marchesseau, actuellement notaire à Marans.

Eglise. — L'église est de style gothique. Sa construction paraît remonter au XIIe siècle. Sa longueur est de 29 mètres, et sa largeur de 8 mètres. On n'y voit aucune scupture.

Elle avait autrefois une chapelle latérale du côté du Nord ; les colonnes et les restes de voûte qu'on y remarque l'attestent. Du reste, on trouve dans les registres des notes sur des inhumations qui ont été faites dans la chapelle de l'église. On trouve aussi une note indiquant que le curé de Migré reçut, en 1655, par ordre de Mgr de Saintes, une pierre consacrée pour le grand-autel.

En 1859, l'église fut réparée d'après les plans et devis dressés par M. Viaud, alors agent-voyer à Saint-Jean-d'Angély. Le montant de la dépense s'éleva à la somme de 8,000 fr. environ. Les travaux furent adjugés à M. Poudreau, entrepreneur à Migré, avec un rabais de 1 p. % sur le montant du devis. Une partie de la dépense fut supportée par la commune de Migré, et l'autre partie par la commune de Vergné, son annexe.

En 1862, le 23 septembre, vers les 7 heures du matin, au moment où M. le Curé disait ses prières dans l'église, la foudre tomba sur le clocher, qui fut presque entièrement démoli, pénétra dans l'église, en souleva les pavés, renversa et brisa le confessionnal, et lézarda les murs. M. le Curé, heureusement, ne fut pas atteint. L'Etat accorda un secours de 1,200 fr. pour les travaux de réparations.

Le clocher actuel, de forme carrée, à flèche octogone, a été élevé sur des murs renfermant un escalier en pierre qui conduisait à l'ancien clocher, celui-ci était formé d'un mur, se terminant en flèche au-dessus la toiture, il traversait l'église vers le milieu de sa longueur et était supporté par une arcade en tiers-point.

Le 5 mai 1787, l'évêque de Saintes, Pierre-Louis de la Rochefoucault, a visité l'église et donné la confirmation à 365 habitants.

Le patron de l'église est saint Benoît, abbé.

Fabrique paroissiale.

Revenus.

Bancs..............................	260 fr.
Chaises..............................	25
Produit des quêtes......................	25
Enterrements........................	25
Baptêmes..............................	»
Herbes au cimetières et d'un autre terrain.	10 fr.
Total........	345 fr.

Presbytère. — Le presbytère, placé au couchant de l'église et touchant à celle-ci, se composait, avant 1689, d'une seule pièce au rez-de-chaussée. En 1689, on construisit à côté de la première pièce, du côté du couchant, deux autres pièces également au rez-de-chaussée.

En 1758, une maison et ses dépendances, située vers le milieu du jardin actuel du presbytère, fut réunie à la cure moyennant trois messes, tous les ans, pour le repos des âmes des Martin et de tous leurs parents et amis, trépassés, vivants, venus et à venir, savoir : la première à chaque fête de la Saint-Blaise, la deuxième chaque vendredi d'avant la Mi-Carême, et la troisième chaque vendredi d'avant la Pentecôte. Cette maison fut démolie et transportée près de l'ancienne maison presbytériale, à cause qu'elle était au milieu des jardins et sur le point de tomber en ruines, c'est la partie qui touche l'église. Vers 1840, une autre pièce fut construite à la place d'un hangar qui occupait l'espace compris entre la pièce qui touche à l'église et la pièce la plus ancienne.

Le presbytère a sa façade principale au nord et donnant sur le jardin. Le rez-de-chaussée est en contre-bas du sol extérieur, et par suite, très-humide et mal aéré : de plus, une partie est sur le point de tomber en ruines.

Le Conseil municipal, par sa délibération en date du 3 novembre 1862, a reconnu l'urgence de la reconstruction du presbytère ; mais ce projet de reconstruction n'aurait pu de longtemps être mis à exécution, à cause des charges qui pèsent actuellement sur la commune, si M. Mestadier, curé de Migré, n'eût voulu se charger de faire reconstruire le presbytère à ses frais et sur un plan agréé par l'autorité municipale, moyennant une somme de 400 fr. qui lui sera payée pendant dix ans, à titre de bail à loyer ou d'indemnité de logement, savoir : 300 fr. par la commune, et 100 fr. par la fabrique (1). Les annuités ont commencé à courir du 1er janvier 1865, et se termineront en 1875, après quoi, le presbytère sera la propriété de la commune (2). Les travaux sont déjà commencés, et dans peu, le presbytère sera une habitation très-agréable.

Maison d'école. — Migré ne possède pas encore de maison d'école, mais il existe un projet d'acquisition. Le montant de la dépense, acquisition et appropriation, s'élève, d'après les plan et devis dressés par

---

(1) Délibération du 17 janvier 1864.

(2) Le nouveau presbytère sera construit vers le milieu du jardin, et l'emplacement de l'ancien sera occupé par une place publique.

M. Bonnet, architecte à Saint-Jean-d'Angély, à la somme de 14,853 fr. environ. Ce local, quoique très-convenable, a paru à S. Exc. M. le Ministre de l'Instruction publique insuffisant pour l'établissement de deux écoles. Ce projet a été renvoyé. Un autre projet, dont le montant de la dépense s'élève à 13,966 fr., vient d'être adressé à M. le Préfet.

C'est dans ce local que les deux écoles sont établies. Le prix de location est de 400 fr. par an.

Ce logement se compose de cinq pièces, au rez-de-chaussée, toutes planchéiées, bien aérées, ouvrant au midi sur une cour avec claire-voie; deux de ces pièces servent de classes, les trois autres et deux chambres au premier servent de logement à l'instituteur et à l'institutrice; grenier sur le tout. Au nord, un vaste chai, un hangar, une buanderie et fournil, et un vaste jardin, le tout clos par des murs.

Une pièce sera construite au couchant du local pour servir de classe aux garçons.

Ponts. — Le pont du Pouillet, sur le ruisseau de ce nom, vers le milieu du bourg, composé d'une seule arcade à cintre surbaissé, a été construit, en 1861, par M. Guillet, entrepreneur à Migré; le montant de la dépense s'est élevé à la somme de 1,200 fr. environ.

Le pont de Riveau, au nord du bourg, composé d'une seule arcade à cintre surbaissé, a été construit en 1863, par voie de souscription et prestation volontaire de la part des habitants du bourg de Migré.

Le pont du Moulin-de-Migré, composé d'une seule arcade en plein cintre, a été construit en 1848, par M. Poudreau. Un autre pont sera construit, en 1866, au village de la Flamancherie, sur le ruisseau de Tournay.

La Fourche. — La Fourche est un ancien couvent de moines. Le couvent et ses dépendances, qui forment une propriété de 50 hectares environ, appartenant à M. Lucien Debourdeau, a été vendu comme propriété nationale vers 1794. On ignore à quel ordre religieux ce couvent appartenait.

La Ferrière. — Seigneurie qui appartint à la maison de Chastenet jusqu'en 1782, époque à laquelle elle passa à messire Jean-François Viénot de Vaublanc, par son mariage avec Madeleine de Chastenet.

Aujourd'hui, la Ferrière appartient à M. Guérin de la Guiberderie.

Les Tanières. — Seigneurie, possédée, primitivement par de Fousson, en 1569 par Des Nos (1); en 1662 par M. de Tesson ; en 1752 par Jean-Baptiste Gaspard de la Perrière ; elle a appartenu à cette famille jusqu'en 1793, et a été vendue comme propriété nationale.

L'ancien logis des Tanières est dans un délabrement complet. Il y a plusieurs années qu'il n'est plus habité.

Des différends s'étant élevés entre M. de Tesson, seigneur des Tanières, et le curé de Migré, relativement aux dîmes à prélever par le dit curé sur les fiefs de la seigneurie des Tanières, l'évêque de Saintes, Mgr Bassompierre (2), rendit à ce sujet, en 1662, le jugement dont la copie suit (3) :

« *Après avoir entendu M. de Tesson par M. du Pas, son advocat, et M. le Curé de Migré par M. Bechet, choisy par luy, sur leurs différents touchant la dixme et la manière de la percevoir dans la seigneurie de la*

---

(1) Gourdon de Genouillac.
(2) Mort à Paris, le 1er juillet 1675.
(3) L'orthographe a été conservée.

Tanière, j'estime que le sieur curé la doit lever au dix-huitain, selon sa possession et avant le droit de terrage, et comptant dans tous les fiefs de la dite seigneurie mesme sur ceux nommés le Propre et le Grand-Fief de la Tanière, et celluy de la Barnée, si ce n'est que le dit sieur de Tesson puisse justifier par les anciens adcors et le dénombrement randus aux seigneurs de la Tanière ou par quelques contracts ou tittres en bonne forme, que la dixme du Grand-Fief de la Tanière et la Barnée a esté estchangée avec les curés de Migré pour d'autres droits dont ils jouissent, et ce, du consentement de l'Evesque de Saintes de ce temps là, ou bien que la moitié du dixme que le Seigneur de Migré lève dans les dits Grand-Fief de la Tanière et de la Barnée était la dixme qui lui a estée aliénée par les curés du dit Migré, lorsque les papes ont permis l'aliénation des biens ecclésiastiques pour subvenir aux rois dans les besoins de leurs Estats, ce que le dit sieur de Tesson prouvera dans trois semaines et avant la récolte de cette année, à faute de quoy le dit sieur curé levera la dixme sur les dits deux fiefs de la Barnée et celuy nommé le Grand-Fief de la Tanière, comme sur celluy dit le Propre et autres de la dite seigneurie de la Tanière au dix-huitain.

« *Fait à Xaintes, le deuxième juin mil six cent soixante-deux.* »

La maison des protestants. — On remarque, au levant de Migré (1), les vestiges d'une ancienne construction d'architecture gothique qui paraît remonter au XIIe siècle. Ce sont les restes d'un ancien couvent, autant qu'on en peut juger par les restes d'une ancienne chapelle et de la disposition des fenêtres qui se trouvent dans les murs qui ont été conservés du

---

(1) Section D, n°s 202, 203, 204, 205, 206, 207 du plan du bourg.

corps principal de l'édifice. Ce monument aura été sans doute ruiné pendant les guerres de religions, car on rapporte qu'il était habité par des protestants qui avaient leur cimetière à 100 mètres environ de cette habitation, au nord. Ce terrain appelé, l'Ouche-à-Buffeteau (1) et aujourd'hui cultivé, a été en effet un cimetière, c'était sans doute celui du couvent, et il a pu servir aux protestants.

La dénomination de l'Ouche-à-Buffeteau, donnée aujourd'hui à ce terrain, peut venir de ce que depuis fort longtemps les Buffeteau ont été sacristains ou fossoyeurs, de père en fils. On nomme encore quelquefois le cimetière actuel l'Ouche-à-Buffeteau. C'est encore un Buffeteau qui est sacristain et fossoyeur.

VI.

Biographie.

Seigneurs de Migré. — La seigneurie de Migré était possédée, en 1298, par Guy Maingot de Surgères, sire de la Focelière.

De 1390 à 1422, par Gavelsime de Clermont, sire de Surgères et de Dampierre-sur-Boutonne, et Isabeau de Surgères de la Focelière, sa femme.

En 1450, par Marie de Clermont, dame de Parançay, et son mari, Guillaume de Cousdun (2).

En 1544, par le seigneur Polignac.

Possédée ensuite par la maison de Brémont.

Josias de Brémont d'Ars, seigneur et baron d'Ars, des Chateliers, de Dompierre-sur-Charente, de Migré et Gimeux, de 1561 à 1651.

---

(1) Ouche, en patois saintongeais, signifie terrain clos.
(2) Notes dues à l'obligeance de M. de Brémont d'Ars, du château de Vénérant.

Jean-Louis de Brémont (1), chevalier, seigneur d'Ars, de la Garde, de Merpins, de Migré-le-Bouchet, de Dompierre-sur-Charente, d'Orlac, de Rochecase, etc., fils du précédent.

Josias II de Brémont d'Ars, marquis de Migré, né le 20 septembre 1632, au château d'Orlac en Saintonge, fils du précédent et de l'héroïque Marie Guille-motte de Verdelin.

Le marquis de Migré mourut fort jeune, et sa mort mérite d'être rapportée :

« Suivant l'exemple de ses pères, il avait embrassé
« la profession des armes et s'était rangé à la cause
« royale. Il était enseigne dans le régiment de Mon-
« tausier et combattait dans le Périgord, lorsque, le
« 15 juin 1652, à l'attaque du bourg de Montenceys,
« les royalistes furent enveloppés par les frondeurs,
« bien supérieurs en nombre. La mêlée fut sanglante,
« et les troupes du roi contraintes de céder. Migré
« est tout à coup séparé des siens et bientôt envi-
« ronné d'ennemis nombreux qui s'efforcent de lui
« arracher le drapeau qu'il défend si vaillamment. Il
« se bat à outrance, mais voyant qu'il allait succom-
« ber, le jeune héros s'enveloppe dans les plis de son
« étendard et tombe percé de dix-sept coups d'épée.
« Ce jeune guerrier n'était âgé que de 19 ans, et il
« emportait dans la tombe l'honneur d'être mort
« sans avoir lâché le drapeau confié à sa bravoure
« toute française. » (RAINGUET, *Bibliographie Sain-*
tongeaise).

Jacques d'Abzac de Mayac (2), chevalier seigneur de Mayac, de Limeyrac, de Villautrange, d'abord page du roi dans sa petite écurie, puis maréchal des camps

---

(1) Tué au combat de Malaga, par un boulet.
(2) Mort en octobre 1678.

et des armées du roi, et premier chambellan de Gaston, duc d'Orléans, épousa en troisièmes noces, par contrat passé au château d'Ars, le 8 juin 1654, demoiselle Louise de Brémont d'Ars (1) fille de Jean-Louis de Brémont et de Marie Guillemotte de Verdelin et sœur de Josias II de Brémont, laquelle lui apporta en mariage la terre de Migré.

De ce mariage naquit, entre autres enfants :

Henri d'Abzac (2), marquis de Mayac, baron de Roufliac, seigneur de Mayac, de Migré, de Villautrange, de Limeyrac, de Monplaisir, de Pommiers, et capitaine de chevau-légers, puis de carabiniers dans la première brigade ; blessé d'un éclat de bombe à la tête, au combat de Steinkerque ; marié le 15 novembre 1694, avec Marie Benoite de Saunier de Monplaisir et de Pommiers, fille unique de François de Saunier, seigneur de Monplaisir et de Pommiers, et en partie de Condat, et d'Adrienne de Lannes, dame de Pommiers.

De ce mariage naquit, entre autres enfants :

François d'Abzac de Mayac (3) IIIe du nom, seigneur de Mayac, de Pommiers, marquis de Migré ; servit dans les mousquetaires du roi. Il avait épousé, le 10 juin 1727, demoiselle Marie d'Aydie, fille de H. et P. seigneur messire Armand, vicomte d'Aydie, seigneur baron de Vauganbert de la Barde, de Quinsac, et de dame Marie de Beaupoil de Saint-Aulaire.

De ce mariage naquit, entre autres enfants :

Antoine-Armand-Félix d'Abzac de Mayac (4), chevalier, seigneur marquis de Mayac, de Migré, de Noyon,

---

(1) Morte le 26 décembre 1677, au Bouchet, paroisse d'Esfre, (Deux-Sèvres), enterrée dans l'église de Migré.
(2) Mort en 1722.
(3) Mort le 19 décembre 1776.
(4) Mort le 25 décembre 1787.

de Brau, et capitaine au régiment de Penthièvre (cavalerie), chevalier de Saint-Louis. Il avait épousé, le 23 novembre 1746, H. et P. demoiselle Louise-Madeleine de Gébert de Noyon, fille de T. H. et T. P. seigneur messire André-Gabriel de Gébert, comte de Noyon, lieutenant des maréchaux de France, en la province de Touraine, et T. H. et T. P. dame Catherine-Louise Souart.

De ce mariage, dont le contrat fut passé en présence et du consentement de S. A. S. madame de Bourbon, princesse du sang, abbesse de Beaumont-les-Tours.

Sont issus un fils et une fille.

Le fils fut :

Antoine-Louis marquis de Mayac et de Migré, seigneur de Pommiers, etc., major du régiment de la reine (cavalerie), né le 22 septembre 1747. Emigré en 1791, il servit dans l'armée des princes jusqu'à sa mort; arrivée à Bruschsal, principauté de Spire, en Allemagne, le 12 février 1795 (1). Il avait épousé, le 9 juin 1776, Marie-Louise-Charlotte comtesse de Custine de Mandre, fille de T. H. et T. P. seigneur Joseph-Nicolas-Edmond, comte de Custine, ancien capitaine au régiment de Royal-Piémont (cavalerie), seigneur de la baronnie de Mandre, de Chastillon, etc., et de T. H. et T. P. dame Suzanne-Madeleine, née comtesse de Butlant. Le marquis de Mayac n'a pas eu d'enfant (2).

---

(1) Sa veuve épousa en secondes noces Georges, marquis de Nicolaï, colonel du régiment d'Angoumois (infanterie), chevalier de Saint-Louis.

(2) Renseignements dus à l'obligeance de M. le comte d'Abzac, marquis de Ladouze, dernier rejeton de cette illustre famille, botaniste distingué, Membre correspondant de la Société Historique et Scientifique de Saint-Jean-d'Angély. Il habite le château de Boripetite, près Périgueux.

D'Abzac. — Blason : d'argent, à la bande et à la bordure d'azur, chargées de neuf besants d'or, 3, 3 et 3.

Seigneurs de la Ferrière. — Jean de Chastenet, chevalier, seigneur de la Ferrière, des Fosses, était fils de messire Pierre de Chastenet, écuyer, seigneur de la Ferrière, et de dame Charlotte Dégourdoi, épousa en 1753, demoiselle Marie-Marguerite Lebel des Fosses.

' Messire Jean-François Viénot de Vaublanc, ancien élève de l'école royale et militaire, chevalier des ordres royaux de Saint-Lazare et des Mont-Carmel, capitaine d'infanterie, épousa à Saint-Jean-d'Angély, en 1782, Madeleine de Chastenet, née le 11 janvier 1756, à la Ferrière, fille de messire Jean de Chastenet et de dame Marie-Marguerite Lebel des Fosses.

De ce mariage naquirent :

Charles-Auguste Viénot de Vaublanc, né le 24 août 1785.

Vincent-Henri Viénot de Vaublanc, né le 8 novembre 1787.

Charles-Augustin Viénot, de Vaublanc, né le 11 novembre 1790.

De Vaublanc. — Blason : de gueule au lion grimpant d'or, au chef d'argent accosté de deux grappes de raisin de pourpre.

Seigneurs de la Tanière. — 1752, messire Jean-Baptiste Gaspar de la Perrière, chevalier, seigneur des Tanières, Villenouvelle, La Gibertière, La Bechée, Emprevée, Le Bouchet, Tesson, Torigné sur le Mignon, et autres lieux et places, ancien mousquetaire de la seconde Compagnie de la garde du roi.

Charles-François de la Perrière, né le 10 mars 1752, fils de messire Jean-Baptiste Gaspar de la Perrière et de Elisabeth Mollens de Vernède (1).

Blason d'argent à la face de gueule surmonté de trois têtes de léopard de même, couronnées d'or et rangées en face.

Curés, vicaires et desservants de la paroisse de Migré, depuis 1607 jusqu'à nos jours.

MM.

1° ROUSSEAU, curé de 1607 à 1652.

Détroge, vicaire de 1648 à 1651

Lefébure, vicaire de 1651 à 1652.

2ᶜ BERTHEM BODAY, licencié en théologie, prêtre du diocèse du Mans, curé de Migré de 1652 à 1687, décédé à Migré, le 9 mars 1687, à l'âge de 68 ans, enterré dans l'église de Migré par Charrier, curé de Coivert, en présence de messire André Maviel, curé de Dampierre, et de messire Lambert Suyreau, prieur d'Augé.

Boyer, vicaire de 1685 à 1687.

3° DE BEAUME, curé de 1687 à 1695.

4° CHADENNE, curé de 1695 à 1697.

5° MORIN, curé 1697 à 1732.

6° MICHELAIN, curé de 1732 à 1738.

Nau, vicaire en 1738.

7° BODIN, curé de 1738 à 1745, passa à la cure de Courdeaux, diocèse de La Rochelle, et résigna la cure de Migré à Vaydié, curé de Loulay.

Daubaret, vicaire en 1745.

8° VAYDIÉ, curé de 1745 à 1766, archiprêtre de Saint-Jean-d'Angély, précédemment curé de Loulay, décédé à Migré, le 29 août 1766, à l'âge de 66 ans.

Coudray, vicaire en 1766.

____

(1) Elisabeth Mollens de Vernède, morte aux Tanières, le 25 mars 1752, à l'âge de 27 ans.

9° CLAVEAU, curé de 1766 à 1769, passa ensuite à la cure de Coulon.

10° GUILLARD, curé de 1769 à 1793, décédé à Migré, le 7 thermidor an IX. Né à Avranche (Manche).

Cosson, vicaire en 1781.

Trochon, vicaire de 1789 à 1792.

Cousineau, vicaire de 1792 à 1793.

11° DUPUY (Isaac), curé de 1803 au mois d'août 1834, décédé à Migré, le 18 juin 1835, à l'âge de 76 ans.

Du mois d'août 1834 jusqu'à 1836, la paroisse de Migré fut desservie par M. Chemin, curé de Bernay.

De 1836 en mai 1841, elle le fut par M. Mestadier, curé de Courant, actuellement curé de Migré.

12° CHARDAVOINE, curé du mois de mai 1841 jusqu'en octobre 1842, passa à la cure de Migron, et abjura en 1845.

D'octobre 1842 jusqu'en septembre 1846, la paroisse fut desservie par M. Gibelin, curé de Bernay, le même qui fut plus tard curé de Migré, et qui passa ensuite à la cure de Courant.

13° GARCIN, curé de septembre 1846 jusqu'en novembre 1848, passa à la cure de Villeneuve-la-Comtesse.

14° MASSET, curé de novembre 1848 jusqu'en avril 1854, passa à la cure de la Croix–Comtesse.

15° GIBELIN, curé d'avril 1854 jusqu'en décembre 1861, passa à la cure de Courant.

16° MESTADIER, curé actuel depuis décembre 1861.

Maires, depuis l'an II jusqu'à nos jours.

MM.

TIERCE, maire en l'an II.

BERNARD (Pierre), officier public du 3 mars 1792 jusqu'au 12 thermidor an II (31 juillet 1794), décédé à Saint-Pardoul (1).

----

(1) Père de M. Victor BERNARD, maire de Saint-Pardoult, de 1831 à 1865, homme d'un grand mérite.

BÉGUIER (François), officier public en l'an II.

MARTINEAU, agent municipal et officier public en l'an V.

DRAHONNET (Pierre), officier public du 17 floréal an VI (27 avril 1798) jusqu'au 17 thermidor an VIII (16 août 1800), maire jusqu'en février 1826, décédé à Migré.

DOIGNON (Charles), maire de février 1826 jusqu'en septembre 1848.

MEUNIER (Jean), maire de septembre 1848 jusqu'en 1858.

MARCHESSEAU (Louis), maire actuel depuis 1858.

Instituteurs.

MM.

BONNET (André) et BONNET (Jean), son fils, de 1680 à 1700.

MARCHAND, ancien militaire du premier Empire, instituteur jusque vers 1833.

CHENIN, a commencé vers 1833.

CHAURÉ, a succédé à M. Chenin.

LEMARIÉ (Eugène), de 1849 à 1857, a succédé à M. Chauré.

RATEAU (Paul), de 1857 à 1860, actuellement inspecteur primaire à Brives (Corrèze).

GARDRÉ (Victor), de 1860 au 17 octobre 1861.

BARIL (Auguste), instituteur actuel depuis le 17 octobre 1861.

Institutrices.

Marguerite DE CALAIS DE FAVEAU DE MÉRILLÉ (1) et ses deux sœurs, Marie (2) et Mélanie (3).

Elles recevaient les enfants des deux sexes.

---

(1) Decédée à Migré, le 5 décembre 1788, âgée de 71 ans.
(2) Décédée à Migré, le 12 nivose an 13, âgée de 80 ans.
(3) Décédée à Migré, le 13 juillet 1807, âgée de 76 ans.

Mme GRIFFON, institutrice libre vers 1850.

Mme BARIL (née Lemarié), institutrice communale depuis 1858.

Notaires.

MM.

ROUSSEAU (Étienne), notaire royal à la Flaman-cherie en 1678.

JOUSSELIN (Pierre), notaire et procureur fiscal de la terre et seigneurie de Migré et de la Tanière, mort à Migré en 1681.

ÉNARD (Pierre), notaire et procureur fiscal, mort en 1682.

BONNET, notaire en 1682.

ÉNARD, notaire, mort en 1749.

BONNET (Jacques), notaire et greffier, mort le 10 juin 1760.

DEBOURDEAU, notaire de 1769 à 1805.

L'étude fut transportée à Saint-Martin-de-la-Coudre, où elle existe encore, M. Tierce, titulaire.

Chirurgiens.

MM.

CUDORGE (Jacques).

DRAHONNET (Pierre) (1), a exercé la profession de médecin dans la commune de Migré pendant 40 ans environ.

Percepteurs.

MM.

CHAUVEAU, jusqu'en 1812.

DRAHONNET (Pierre), de 1812 au 8 juin 1860, fils de Pierre Drahonnet, cité plus haut.

---

(1) Né à Migré, le 13 mai 1764, décédé au même lieu le 20 octobre 1838.

MOIRANT, du 8 juin 1860 au 10 septembre, même année.

BRISSON (Eugène) et BOIVEAU, receveurs par intérim du 10 au 28 septembre 1860.

LABARRE, du 28 septembre 1860 jusqu'à nos jours.

La perception de Migré comprend 7 communes :

Bernay.

Dœuil.

Saint-Félix.

Saint-Martin-de-la-Coudre.

Villeneuve-la-Comtesse.

Villenouvelle.

Migré.

Jours de recette.

Bernay, le 1er mardi de chaque mois.

Dœuil, le 1er lundi.

Saint-Félix, le 1er jeudi.

Saint-Martin, le 1er mercredi.

Villeneuve, le 1er et le 3e vendredis.

Villenouvelle, le 2e mardi.

Migré, tous les autres jours, excepté les jours fériés.

VII.

Mœurs et coutumes.

Les habitants de cette commune sont polis, doux, affables, point vindicatifs ; ils aiment à rendre service et détestent les procès. Les travaux agricoles sont leur principale occupation. Jamais ils ne se livrent à des spéculations hasardeuses de crainte de compromettre leur avoir. Ils ont beaucoup d'ordre et d'économie. Ils sont sobres et tempérants, un homme ivre est une chose rare. Les hommes n'ont pas une instruction très-étendue, mais ils savent à peu près tous lire et écrire.

Les femmes s'occupent des soins du ménage et quelquefois aussi des travaux des champs, principalement au moment de la moisson. Elles sont très-propres dans leurs ménages et dans leurs habits. C'est à elles qu'incombe le soin de l'éducation des enfants; les hommes étant appelés hors de la maison par la nature même de leurs occupations.

Parmi les femmes d'un certain âge, il y en a peu qui savent lire et écrire; les jeunes filles, au contraire, ont toutes reçu un peu d'instruction.

Les enfants vont en classe pendant les mois d'hiver, mais pendant l'été, un petit nombre seulement fréquente les écoles. Les parents les retirent pour les travaux des champs, et peut-être aussi pour avoir moins de rétribution scolaire à payer. Car, soit dit en passant, la question d'argent, dans cette contrée, est le plus grand obstacle au développement de l'instruction. Une loi qui rendrait l'instruction primaire gratuite serait bien accueillie ici, et rendrait de véritables services.

Vêtements. — La plupart des habitants, et surtout les vieillards, s'habillent d'étoffes fabriquées dans le pays, avec la laine de leurs brebis. On achète aussi des draps fins pour les plus beaux habits. Quant à la forme, elle varie beaucoup. Les jeunes gens portent le paletot, la redingotte ou l'habit, ce dernier très-rarement; les vieillards portent la veste. La blouse est un vêtement de travail qui est, pour ainsi dire, porté par tout le monde. Pour coiffure, on porte la casquette, le chapeau de fantaisie en feutre et le chapeau de paille, mais rarement le chapeau de soie à haute forme.

Les femmes portent la coiffe, montée d'une manière assez gracieuse et garnie de rubans de prix

Elles ont généralement plus de recherche dans leurs habits, tant pour la forme que pour la nature des étoffes. Elles portent aussi quelques bijoux, tels que bracelets, pendants d'oreilles, épingles d'or et tours d'or, chacun selon sa fortune. Quant au linge de table et de corps, il est généralement fabriqué avec le lin et le chanvre récoltés dans le pays. On porte cependant la chemise de coton repassée, mais seulement le dimanche et les jours de fêtes.

Mariages. — Les mariages sont généralement accompagnés de festins et de grandes réjouissances ; plus les mariés sont riches, plus il y a de conviés. La fête dure deux jours entiers. Il y a quelquefois deux ou trois musiciens. S'il y a plusieurs enfants, et que l'un des frères ou sœurs se marie avant l'aîné, on monte ce dernier dans une charrette et on le promène dans les rues. On fait aussi traîner le balai aux parents qui marient leur dernier enfant. C'est-à-dire qu'on achète un ou deux balais neufs, avec lesquels le père et la mère du marié ou de la mariée arrosent les gens de la noce, avec l'eau la plus sale et la plus bourbeuse qu'ils peuvent trouver. Ces deux coutumes commencent à disparaître, et ce n'est pas un mal, car il est arrivé quelquefois des accidents graves, causés par ces sortes de jeux.

Baptêmes. — Lorsqu'un enfant est né on le fait baptiser le plus tôt possible. Le jour du baptême étant fixé, le parrain et la marraine se rendent chez les parents de l'enfant Le parrain a eu soin de se munir d'un bouquet, garni de rubans, dont il fait cadeau à la marraine. On se rend ensuite à l'église. La cérémonie terminée, le parrain et la marraine sonnent la cloche pour empêcher que l'enfant ne soit sourd, et on se rend ensuite dîner chez les parents de l'enfant, afin qu'il lui pousse des dents. Le parrain s'est pourvu d'une certaine quantité de dragées, dont une grande partie est réservée pour la marraine, et le reste distribué aux assistants.

Frairie. — Migré a aussi son ,assemblée, qui a lieu le dimanche qui suit le 11 juillet. C'est une fête pour les habitants, qui reçoivent ce jour-là leurs parents et leurs amis. La fête dure deux jours, pendant lesquels il y a bal. Sur le champ de l'assemblée sont installés les cafés, les loteries et les jeux de toutes sortes.

VIII.

Superstitions. — Préjugés.

Quoique les superstitions commencent à disparaître à Migré, les erreurs et les préjugés n'y sont pas encore rares. A ce sujet, nous pourrions raconter plusieurs anecdotes. En voici une qui vient de se passer dernièrement (le 24 avril 1865). Un jeune homme du bourg, le sieur M..., ayant égaré un instrument de labourage, crut l'avoir laissé au bureau de tabac, où il allait assez fréquemment. Avant d'aller le réclamer, sa mère et une de ses voisines crurent prudent de faire tourner le tamis. Cette opération consiste à placer un tamis entre deux pointes de fer, par ses côtés et bien en équilibre, de manière qu'il puisse tourner facilement. Après cela, la personne intéressée dit : « J'ai perdu, ou on m'a volé, telle « ou telle chose. Je soupçonne qu'elle est chez telle « ou telle personne (on désigne ici le nom de la per- « sonne soupçonnée). Saint Pierre dit oui, saint « Paul dit non. » On réitère cette opération trois ou quatre fois de suite. Si le tamis tourne toutes les fois, c'est une preuve certaine que l'objet est chez la personne soupçonnée. — L'opération terminée, les deux voisines restèrent convaincues que l'instrument était resté au bureau de tabac, et la mère du jeune homme va le réclamer. On lui dit qu'on ne l'avait pas vu. La bonne femme s'en retourne, persuadée qu'on ne voulait pas lui rendre l'objet réclamé. Il en serait peut-être résulté quelque chose de fâcheux si, au même instant, la femme du barbier du jeune homme n'eût remis à la bonne femme le malencontreux instrument. Le sieur M... l'avait laissé par oubli en allant se faire raser.

On croit aussi beaucoup aux talents des somnambules de Niort. On va souvent les consulter, soit pour des maladies ou des vols commis.

Les histoires de revenants ne manquent pas non plus. On raconte qu'il y a une vingtaine d'années on voyait, presque tous les soirs, au village de la Flamancherie, vers Sautreau et dans la commune de Saint-Martin, une lumière qu'on ne pouvait jamais approcher ; et si l'on cherchait à l'entourer, elle disparaissait tout à coup. C'était, disait-on, un revenant.

Migré a aussi ses sorciers et ses devins. On en compte plusieurs, parmi lesquels figure le nommé Magneron qui vivait, il y a une soixantaine d'années, au petit village des Chaumes. Il s'était acquis, comme guérisseur et devin, une grande renommée, et sa popularité s'étendait très-loin. Il était d'une grande affabilité. Chez lui on trouvait toujours table ouverte, dans le but sans doute d'augmenter la crédulité de ses clients à son égard, car quand ceux-ci arrivaient pour le chercher ou pour le consulter, il leur disait sans même leur laisser le temps de s'expliquer (1) :
« *Mes amis, y savai qu'ou deviez veni, o lé prequoué* « *y é fait mettre la tablle. Allins, venez mangé un* « *mourças, y causerons de voutre affaire apré.* »

____

(1) Il parlait toujours le patois du pays.

Il s'occupait principalement du bétail, et pendant l'épizootie qui sévit avec tant de rigueur à la Benâte et ses environs, il fut appelé et rendit, dit-on, de grands services.

La fleur de fougère, qu'il allait cueillir dans les bois voisins, la nuit de la Saint-Jean, à minuit, et que lui seul connaissait ; la verveine, dont il faisait usage dans l'évocation des esprits infernaux ; et une eau à laquelle il attribuait des vertus mystérieuses, mais qui n'était tout simplement que de l'eau naturelle du puits des Chaumes, étaient ses remèdes les plus généralement ordonnés. Il vendait le dernier 27 fr. 25 c. la bouteille : 27 fr. pour le liquide et 25 c. pour le vase.

Appelé à la Tanière pour guérir des personnes atteintes de maladies nerveuses, et qui selon lui n'étaient que des sorts jetés par quelque sorcier, voici quelles furent ses ordonnances : il fit prendre un pot de terre, n'ayant jamais servi, dans lequel il fit mettre un cœur de bœuf percé d'aiguilles en tous sens, et le fit mettre au feu, en recommandant de le faire bouillir toute la nuit, gardé par un homme armé, parce qu'il y avait, disait-il, à redouter la présence de quelques esprits diaboliques. Il termina en leur disant que le cœur du sorcier qui avait jeté le sort *fricasserait* comme celui qui était dans le pot, et que la première personne qui rentrerait chez eux le lendemain serait l'auteur du crime.

Magneron est mort aux Chaumes. Après sa mort s'est éteinte la superstition qu'il avait tant propagée dans nos campagnes.

Un des sorciers les plus célèbres était le sieur D..., qui était fort redouté, et surtout du sieur M... qui, à son approche, récitait certaine formule composée de paroles baroques mêlées de mots latins. (Nous ne rapporterons pas ici cette formule, parce qu'elle n'a aucun sens.) Ces paroles étaient accompagnées de nombreux signes de croix et de ces mots : « Passe ton chemin, D.. ; tu n'as plus de pouvoir sur moi, ni sur ma famille, ni sur mon bétail. »

On attribuait à ce sorcier le pouvoir de rendre le bétail malade par un simple attouchement, de faire verser les charrettes et de faire manquer les opérations du teinturier du village, en soufflant par le trou de la serrure.

Le village de Thouars avait aussi son sorcier, le nommé Dion, qui avait le pouvoir de charmer les serpents, de les prendre en ses mains, de se les mettre autour du cou, en forme de cravate, et même de les mettre entre sa peau et sa chemise.

Vers 1778, la veille de Noël, le nommé D..., homme superstitieux, était allé à la messe de minuit. pendant son abscence, un bœuf, s'étant détaché, monta dans le grenier par un grand escalier en pierre et se premenait un peu lourdement sur le plancher. A son retour de la messe, le sieur D... entendit ce bruit, en fut effrayé et s'écria : « C'est ce drôle de Dion qui a fait venir le diable dans mon plancher. Il se disposait à envoyer chercher le curé de Migré, lorsque son domestique, moins superstitieux, monta dans le grenier et en fit descendre l'animal.

Le village des Tanières avait aussi son sorcier, le sieur P..,

Mais l'homme le plus extraordinaire était le nommé G..., du Moulin-de-Migré, qui croyait avoir le pouvoir de faire dissiper l'orage. Au bruit du tonnerre, il se mettait en campagne, parcourant les chemins, faisant des signes avec la main ou se mettant à genoux. Il criait à ceux qu'il rencontrait : « N'ayez pas peur, mes enfants ; tant que G. aura un pied sur la commune de Migré, l'orage n'y fera aucun mal. »

Migré a encore de nos jours ses toucheurs, ses guérisseurs et ses conjurateurs, qui tous opèrent au moyen de signes symboliques et de paroles mystérieuses.

1° Les toucheurs d'humeurs froides (scrofules) qui font faire aux malades des neuvaines. Pour les humeurs simples, le malade doit faire une neuvaine ; pour les nobles ou doubles, il doit en faire deux. En général, pour les riches il faut des doubles, parce que le toucheur y trouve son compte. Pour faire ces neuvaines, le malade et le toucheur doivent être à jeun et l'opération doit se faire avant le lever du soleil. De plus, pour les grandes fêtes, il est nécessaire que le malade se fasse toucher. Le malade ne doit jamais manger de têtes d'aucun animal ni d'aucun poisson. Il ne doit pas manger non plus ni viande de bœuf, ni viande de veau.

Pour avoir le don de guérir les humeurs froides, il faut être le septième enfant du même sexe et né de la même mère. C'est-à-dire qu'entre les naissances de ces sept enfants, il ne doit pas être né d'enfant d'un autre sexe.

2° Les toucheurs de vers de taupe (tumeurs furonculeuses).

3° Les toucheurs d'estilences (esquinancies).

Pour opérer, le toucheur presse le bras du malade avec la main, en prononçant certaine formule qu'il appelle une prière, puis le mal disparaît (selon lui), dans un laps de temps plus ou moins long.

4° Les conjurateurs du mal de dents.

5° Les guérisseurs de brûlures. Ceux-ci opèrent en soufflant sur la plaie et en prononçant certaine formule.

6° Les toucheurs d'endarces (dartres).

AUTRES PRÉJUGÉS.

Celui qui bêche la terre le Vendredi-Saint creuse sa fosse. (C'est-à-dire qu'il mourra dans l'année.)

Pour se guérir des furoncles, il faut passer, à jeun et en chemise, sous une ronce prise en terre par les deux bouts.

La luzerne et le trèfle semés pendant la nouvelle lune occasionnent la météorisation ou enflure des bestiaux qui en mangent.

Du côté qu'est le vent le jour des Rameaux pendant la messe, il y sera les trois quarts de l'année.

On prétend que quand les pies font leurs nids plus bas qu'à l'ordinaire, c'est un signe certain de vent.

Quand on taille la vigne pendant la pleine lune, les raisins viennent ronds.

Quand on sème des choux en vent de galerne (nord-ouest), *il vient des ripes* (Sinapis arvensis) *ou autres crucifères.*

Quand on arrache les arbres en vent de galerne, ils coussonnent. (Ils sont rongés par les vers.)

Quand on greffe les arbres pendant le premier quartier de la lune, ils ne produisent pas de fruits aussi promptement.

Les haricots semés en vent de galerne viennent borgnes. (Les feuilles séminales et la plante périssent peu de temps après leur naissance.)

Pour empêcher aux oignons de germer, il faut les arracher le 6 août.

Pour détruire les chardons d'une vigne, il faut la labourer le 10 août.

Abondance de senelles (fruits de l'aubépine) *annonce abondance de lin pour l'année suivante. Et les ormeaux bien bourgeonnés, abondance de blé.*

Si l'on se blesse en tombant d'un arbre le jour de la Saint-Jean (24 juin), *on ne guérit jamais de ses blessures.*

Si l'on entend chanter le coucou à jeun, on sera vouen (sorte d'engourdissement dans tous les membres) *toute l'année. — On dit alors que le coucou a-t-attrapé.*

Quand le quiouc (hibou) *chante autour des habitations, cela annonce qu'il y a une femme enceinte dans le voisinage.*

Quand il y a un malade dans une maison, et qu'on voit passer une frégeaye (fresaie) *tout près, on dit qu'elle vient chercher le malade, et l'on pense que la mort sera prochaine. Aussi, la fresaie est regardée comme un oiseau de mauvais augure.*

Quand une belette traverse le chemin devant vous, c'est encore un signe de malheur.

Si l'on voit une femme tête nue, on ne fera point de bons marchés de la journée.

Pour empêcher la mortalité du bétail pendant les épizooties, on place à la porte des écuries, le jour de la Saint-Jean, avant le lever du soleil, une branche de noyer ou de toutes autres plantes dont les feuilles forment croix.

En se mettant à l'abri pendant l'orage sous un arbre dont les feuilles forment croix, on est préservé de la foudre.

La comète est un signe de guerre ou autres grands événements.

Les baptêmes donnent aussi lieu à quelques préjugés. Si l'on ne sonne pas la cloche pendant la cérémonie, l'enfant sera sourd, et s'il pleure pendant que le prêtre lui verse l'eau sur la tête, il sera méchant.

Si l'on fait brûler des balais, on aura des grands vents, des ouragans, des tempêtes.

En voyage, si l'on trouve une épingle dont la pointe est tournée vers soi, c'est un signe de malheur.

Quand la flamme du foyer pétille plus qu'à l'ordinaire, on aura des grands vents.

Quand les chats toussent, c'est un signe d'eau, et quand ils tournent le dos au feu, c'est un signe de froid.

Si l'on se fait couper les cheveux dans le mois de mars, on aura des maux de tête toute l'année.

A la première hirondelle qui paraît au printemps, les garçons à marier n'ont qu'à regarder sous leurs souliers, ils trouveront un cheveu, et ce cheveu sera de la même couleur que ceux de la femme qu'ils épouseront.

Quand une poule chante le coq, c'est un signe de malheur, on la tue et on la mange. Autrefois, on ne la mangeait pas, mais on s'en débarrassait de quelque manière que ce fût. Un curé de Migré, voulant tancer ses paroissiens sur cette croyance absurde, s'écria du haut de la chaire : « Mes paroissiens, quand vous aurez une poule qui chantera le coq, apportez-la- moi, je la passerai par mon pot. »

Dictons populaires.

A la Notre-Dame de septembre, chandelier en chambre. (Les veillées vont commencer.)

O toune en mars, o faut foncer tiubes (cuves) *et tounas* (tonneaux). (Il y aura beaucoup de vin.)

O toune en avril, o faut foncer tiubes et barils (même signification que le précédent.)

O toune en mai, o faut jeter les tiubes sur les fumiers. (Signifie qu'il n'y aura pas de vin.)

Quand o mouille en mars, les blés périssent des trois quarts.

Quand le soulail (soleil) *paraît le matin de la Chandeleur, o brûle la sole des prés.* (C'est-à-dire qu'il n'y aura pas de fourrages.)

Quand o mouille sur le ramias (rameau), *o mouille sur le quientas.* (Tas de cinq gerbes.)

Pâques fagniou, la Saint-Jean frementou. (S'il y a de la boue à Pâques, il y aura beaucoup de blé.)

Quand o mouille le jour du Mardi-Gras, o mouille dans les cruons (cruches). (Cela veut dire qu'il viendra beaucoup de noix, et qu'on aura de l'huile pour remplir les cruches.)

Autant de brumes en mars, autant de gelées en mai, et à la même date.

Autant de jours les rainettes (grenouilles) *chantent avant la Notre-Dame de mars, autant de jours elles sont après sans chanter.* (Cela veut dire qu'il y aura autant de jours de froid, après la Notre-Dame de mars, qu'il y en aura eu de beaux auparavant, à dater de celui que les rainettes auront chanté.)

A la Saint-Vincent, faut que le temps soit clair et luisant. (Qu'il n'y ait pas de nuage au ciel.)

D'AUTRES DISENT :

La Saint-Vincent clair et beau, plus de vin que d'eau.

Petit bois, grande vinée. (Abondante récolte de vin quand les sarments de vignes sont courts, petits et sains.)

A la Notre-Dame de mars, le chandelier à bas. (Cela veut dire que les veillées sont passées.)

A la Sainte-Luce, les jours ont allongé d'un pas de russe (rouge-gorge).

A Nau (Noël), *les jours ont allongé d'un pas de jeau* (coq).

A la Chandelour (Chandeleur), *les jours ont allongé le temps que le pain est dans le four* (2 heures).

Quand l'arc-en-ciel pêche au matin, il ne faut pas se détourner de son chemin. (Il ne pleuvra pas.)

Quand il pêche au ser (soir), *il est temps de se retirer.* (Il pleuvra.)

Araignée du soir, bon espoir.

Araignée du matin, signe de chagrin.

A la Saint-Georges, l'épi est dans l'orge.

Quand on voit un homme se promener les mains derrière le dos, il a du blé à vendre.

II.

SCIENCES.

La commune de Migré, sous le rapport de l'histoire naturelle, est mieux partagée, relativement à son étendue, que plusieurs de ses voisines.

Son sol, exclusivement calcaire, est assez accidenté, et ses collines, comme ses vallées, sont riches en productions diverses.

Envisagée au point de vue scientifique, elle est remarquable à plus d'un titre, et, sans entrer dans les détails d'un catalogue aride, nous allons essayer de donner une esquisse rapide de ses principaux produits :

Le terrain jurassique, le seul auquel on puisse rapporter le sol, s'y divise en deux étages : le corallien et le kimméridgien.

L'étage corallien, moins apparent qu'à la Chaussée-de-Marsais, St-Séverin et Dampierre-sur-Boutonne, occupe la partie Nord de la commune, près de la Ville-au-Moine. Son importance, au point de vue géologique, est de peu de valeur, les moëllons y sont rares et ont été formés de polypiers.

Le sol est léger, composé de petites groies et occupé, en général, par des bois longs à pousser et des vignes donnant du vin dont la qualité dépasse de beaucoup la quantité. Les céréales y rapportent peu.

L'étage kimméridgien, qui occupe la plus grande partie de la commune, est très-varié; son sous-sol inférieur est composé d'argiles schistoïdes bleuâtres avec *Ostrea virgula* et encrines variées. Au-dessus des argiles et sur plusieurs points, on rencontre des couches de pierres qu'on utilise pour divers usages.

Près du bois de Coupe-Gorge, on extrait un moëllon sableux, compacte, roussâtre, se divisant en strates régulières propres au dallage des fours et au pavage des routes; on l'appelle *pierre chauffante.*

Entre la Tanière et Migré, on exploite un banc de pierres à bâtir dont la puissance varie entre 5 à 7 mètres. Les moëllons en sont beaux et non gélifs, leur grain est assez joli, quoique pas très-fin.

On rencontre dans ces bancs une grande quantité d'ammonites, de nautiles, de trigonies, de polypiers, de ptérocères, de pholadomies, de térébratules, de dents de poissons et surtout l'*Ostrea virgula* mêlés à d'autres fossiles.

Le sol de ce terrain est très-varié et peut être divisé en alluvions fluviatiles, en varennes fortes, varennes légères, groies, terrains argileux, terrains sablonneux, argiles et sables.

Les argiles sont utilisées pour paver les appartements des maisons peu fortunées, les celliers et les aires à battre. Le sable, qui se divise en sable gras et en sable maigre, est excellent pour bâtir et crépir.

La culture y est aussi variée que les terrains; les grains, les foins, les vins et les bois y sont cultivés avec succès.

La flore locale, favorisée par la douceur du climat et par la variété des terrains, est assez riche, elle comprend environ 600 espèces de plantes phanérogames et un nombre indéterminé de cryptogames. Les bois, composés presque essentiellement de diverses espèces de chênes, nourrissent entre autres plantes rares :

Acer monspessullanum, Cytisus supinus, Coronilla minima, Lathyrus latifolius, Orobus niger, Peucedanum Cervaria; Cornus mas, Melampyrum cristatum,

*Odontites lutea, Orchis pyramidalis, Ophrys arach-
nites, Limodorum arbortivum, Épipactis ensifolia* et
rubra, Astragalus purpureus et *monspessulanus,* etc.

Sur les terrains calcaires, on peut recueillir, çà et là :

Thalictrum minus, Adonis autumnalis et *flammea,
nigella damascena, Delphinium consolida* et *cardio-
petalum, Diplotaxis viminea, Neslia paniculata,
Iberis amara, Coronilla Scorpioïdes, Turgenia latifolia, Bifora testiculata, Seseli Libanotis, Crucianella
angustifolia, Inula montana, Circium acaule, Car-
duncellus mitissimus, Catananche cœrulea, Lactuca
perennis, Crepis setosa* et *pulchra, Chlora perfoliata,
Physalis Alkekengi, Salvia Sclarea, Galeopsis lada-
num, Stachis alpina, Ajuga chamœphitis, Teucrium
Botrys, Polygonum Bellardi, Passerina annua,
Orchis hircina, Echinaria capitata, Malva canabina,
Sedum fabaria, Biscutella lœvigata, Linum corymbu-
losum, Egilops ovata, Saponaria vaccaria, Ononis
natrix, Spirea filipendula,* etc., etc.

Les prés et les ruisseaux sont ornés d'une foule
d'orchidées, d'ombellifères, de composées et de graminées qu'il serait trop long de nommer, citons seulement en passant l'*Inula helenium,* qui entoure le
moulin à eau de Sautreau, et le *Typha latifolia* qui,
mêlé au *Nuphar luteum* et à l'*Iris pseudo-acorus,*
orne les douves du château de Migré. N'oublions pas
non plus *Ophioglossum vulgatum, Fritillaria melea-
gris, Inula salicinum, Galium boreale, Orobus albus*
et le dangereux *Colchicum autumnale,* qui tapissent
le marais de Migré.

La faune entomologique, qui est aussi variée que
la botanique, est moins connue. Peu d'études spé-
ciales ont été faites sur place. Nous avons cependant
dans nos promenades observé de beaux lepidoptères,
parmi lesquels nous devons citer, comme rares :

l'*Antiope*, le *Paon de jour*, le *Mars changeant*, le *Cory-don* et la *Feuille morte*.

Nous pourrions aussi citer de jolies cicindelles parfumées aux élictres d'émeraudes et de pourpres, des carabes voraces, comme les calossum aux couleurs métalliques, sans oublier le fourmi-lion, les agrions légers et les libellules aux ailes de saphir, mais dans la crainte de nous tromper, nous remettons à plus tard les détails que nous pouvons acquérir, par l'étude d'une science qui a jusqu'ici charmé les courts instants que nous avons pu lui consacrer.

L'ornithologie de la commune de Migré ne diffère en rien de celle qui est particulière à l'arrondissement. Nous renvoyons les personnes qui désireraient des renseignements sur ce point, à l'ouvrage que M. le Dr SAVATIER, de Beauvais, va publier prochainement. Il en est de même de la classe des mollusques et de celle des reptiles.

Les quadrupèdes à l'état sauvage y sont fort rares si l'on en excepte les rongeurs, qui pourraient être classés comme certains parasites passés à l'état de domesticité, les musaraignes et la fouine, dont on doit redouter les larcins. Le lièvre y est peu commun, au grand désespoir des chasseurs. Le renard et le blaireau habitent encore les terriers du Bois de la Fourche. Ce dernier a été longtemps chassé pour sa peau, et certains braconniers ont gagné quelques bonnes fluxions de poitrines à l'attendre au pied d'un arbre pendant des heures entières au milieu de la nuit. On n'y voit que quelques loups altérés qui, pendant les nuits d'été et à de rares intervalles, viennent boire aux fontaines ; la loutre se permet de temps en temps des descentes dévastatrices dans le vivier du château de Migré et dans les réservoirs du meunier du moulin.

Puisque nous sommes au moulin, nous devons parler encore du brochet, le seul poisson qui partage avec l'anguille et les vérons, les eaux limpides qui égayent nos vallons.

Nous dirons aussi que l'écrevisse, cet excellent crustacé, est excessivement rare, et que la Trésence n'en nourrit que quelques-uns auprès de la Flamancherie.

Nous terminerons par un aperçu statistique sur la vie de l'homme, le roi de la nature.

La vie moyenne dans la commune, calculée sur les vingt années comprises entre le 1er janvier 1845 et le 31 décembre 1864, donne 48 ans pour terme moyen. Ce chiffre est très-respectable, si on le compare à celui de certaines localités.

Il est né pendant cette période 124 enfants du sexe masculin et 127 du sexe féminin; il est mort 125 personnes du sexe mâle et 126 du sexe féminin; la balance s'est donc conservée d'une manière régulière. Il s'est opéré en outre 132 mariages, soit 6 ou 7 par année.

Sur les 251 individus décédés, le neuvième n'a pas atteint l'âge d'un an. D'un an à sept, la mortalité a toujours été en décroissant; à huit ans, un cinquième des individus étaient décédés; il n'en est pas mort un seul de 8 à 14 ans. A 30 ans, le tiers; à 60 ans, la moitié, et à 80 ans, les 8/9 avaient disparu. Cinq personnes seulement ont dépassé 90 ans.

Nous souhaitons, chers lecteurs, que vous dépassiez en bonne santé cette dernière période, et nous vous prions d'accueillir avec indulgence les imperfections que vous pourrez trouver dans cette courte et trop peu intéressante notice.

Mai 1865.

NOTICE SUR LA COMMUNE DE LA BENATE.

NOTICE

SUR

LA COMMUNE DE LA BENATE

PAR M. HENRI MICHEAU

Membre titulaire.

Statistique.

La commune de la Benâte est bornée au Nord par celles de Lozay et de Courant, à l'Est par celle du Pin, au Sud par celle de Lavergne, et à l'Ouest par celle de Landes.

Sa superficie est de 1,106 hectares 67 ares 90 centiares, dont :

En terres labourables..........	623 h.	00 a.	50 c.
En vignes....................	304 —	20 —	60 —
En bois.....................	87 —	56 —	40 —
En prairies naturelles..........	26 —	02 —	80 —
En jardins...................	6 —	69 —	80 —
En bâtiments de toutes sortes...	5 —	48 —	70 —
En propriétés non imposables...	53 —	69 —	10 —
Total......	1,106 h.	67 a.	90 c.

Contributions directes de 1866.

Les rôles généraux des quatre contributions direc-tes de la commune de la Benâte, pour l'année 1866, s'élèvent à la somme de 5,888 fr. 25 c.

Cette somme se divise ainsi qu'il suit :

Pour les dépenses de l'État	3,353	fr.	51 c.
Pour les dépenses du département....	1,285		11
Pour les dépenses de la commune....	1,127		81
Pour fonds de secours. non valeurs, ré-impositions et frais d'avertissement.	121		82
Total égal........	5,888	fr.	25 c.

Population.

D'après le dernier recensement officiel, elle est de 611 habitants, et fournit annuellement à l'armée de 1 à 3 jeunes soldats.

De 1688 à 1848 inclusivement, on a compté en moyenne à la Benâte, par an : 12 5/9 naissances et 9 2/3 décès ; 3 2/9 mariages ont été célébrés.

Topographie.

La commune de la Benâte, située à 8 kilomètres Nord-Ouest de Saint-Jean-d'Angély, se compose de deux villages et d'un hameau placés tous les trois sur les points culminants de son territoire.

Son chef-lieu, la Benâte, occupe sur la route de Saint-Jean-d'Angély à Mauzé le sommet d'une rangée de collines fortement inclinées au levant et au cou-chant, et s'étendant au midi en pente douce sur une longueur de près de 1 kilomètre. Ses mai-sons, blanches et bien bâties, d'une uniformité frappante, se détachent par petits groupes disséminés sur une longue étendue demi-circulaire et convexe à l'Ouest. Son clocher quadrangulaire, surmonté d'une flèche pyramidale, occupe une position dominante. Le pays est sec, et la plupart des puits manquent d'eau pendant l'été : un seul, le Puits-de-Gauvin, fait une heureuse exception ; il est situé au bas de la colline, 200 mètres environ à l'Est des habitations.

Puymoreau est situé à 1,800 mètres environ à l'Est du bourg. Il est placé, comme lui, au faîte d'une série de collines à pentes abruptes au couchant, et légèrement inclinées au midi. Les maisons, la plupart fort élégantes, forment sur ce dernier versant un groupe compact d'un fort joli aspect. Au fond d'un ravin et 200 mètres à l'Ouest du village, se trouve un puits (le Puits-de-Pérou) qui, comme celui de Gauvin, ne tarit jamais, et qui alimente tout le village quand les autres puits sont à sec.

Ces deux puits, aux crues d'eau, donnent naissance à deux petits ruisseaux qui, se joignant à 400 mètres environ de leur point d'origine, vont grossir à Landes la petite rivière de Soie, qui se jette dans la Boutonne.

Le hameau d'Aumont, qui tire probablement son nom de la position élevée qu'il occupe, est situé à 200 mètres à l'Ouest de la route de Saint-Jean-d'Angély. Il est bâti sur un tertre élevé d'où la vue embrasse un vaste horizon.

Le sol est montueux et entrecoupé d'une multitude de vallons et de ravins qui viennent déboucher dans une vaste dépression de terrain ouverte seulement à l'Ouest du côté de Landes.

Géologie. — Agriculture.

Le sol, sec et calcaire, est composé d'une groie
légère, un peu ocreuse au Nord-Est, vers la partie
du bois d'Essouvert. Les arbres y croissent lente-
ment, mais la vigne y prospère avantageusement. Sa
culture, qui fait un peu négliger le blé, les colzas,
la betterave et les pommes de terre, a pris depuis
quelques années un développement considérable. La
plupart des côteaux, autrefois nus et arides, sont
aujourd'hui tapissés de vignobles qui font la richesse
du pays. Les vignes sont presque toutes plantées
en blanc. Les cépages rouges, tels que le balzac,
le dégouttant et le tierci, ne produisent, pour ainsi
dire, que pour les besoins de la consommation locale.

Pratique agricole.

Les labours s'effectuent au moyen de divers instruments :

La charrue à avant-train, en bois, est seule em-
ployée dans la culture des céréales. L'avant-train est
très-lourd et susceptible de perfectionnements, mais
son emploi avantageux ne saurait être méconnu, ici
surtout, où la culture en sillons est seule en usage. Il
est formé d'un essieu muni de deux roues et suppor-
tant une pièce, nommée sellette, sur laquelle s'appuie
l'âge (la perche).

Cette charrue, facile à diriger et à conduire, sera
longtemps encore préférée aux charrues simples, qui
exigent de la part du conducteur une attention incessante et une adresse intelligente.

Le seul outil adopté pour la moisson des céréales
est la faucille à dents. L'orge et l'avoine se coupent
à pied et le froment à gleux; les gleux sont ensuite
amassés à la faux.

Le battage se fait au fléau et au rouleau. Le rouleau est en pierre et de forme conique tronquée : il est enchâssé dans un cadre en bois au moyen de tourillons en fer cimentés au centre des deux circonférences. Une aiguille ou deux palonniers fixés à la traverse antérieure du cadre, servent à l'attelage des bœufs ou des chevaux. La substitution du rouleau au fléau, qui tend à se généraliser, paraît d'ailleurs parfaitement justifiée.

Les espèces de blé les plus cultivées sont : le froment d'hiver commun à épi jaunâtre, le blé bleu à épi blanc, le bosseron à paille courte et dure et le froment barbu d'hiver.

L'assolement quinquennal est le plus généralement adopté :

1re année.   Froment fumé, ou pommes de terre, ou colzas.
2e année.   Froment avec ou sans guano.
3e année.   Avoine d'automne, ou baillarge en mars, avec sainfoin ou luzerne.
4e année.   Jarosse ou jachère.
5e année.   jachère.

Sur une défriche, on met des pommes de terre sans fumier, ou des betteraves. Les blés ne reçoivent aucun soin après l'ensemencement, si ce n'est un léger hersage au commencement du printemps.

Les pommes de terre dites Madelaine et les Saint-Jean sont les plus répandues. On les sème à la charrue, à la fin de mars ou dans les premiers jours d'avril, et, peu de jours après, on les herse ou on les régale. On les bine aussitôt que les feuilles commencent à paraître, et au mois de juin, on les butte au pic ou à la charrue.

Les prairies artificielles consistent en sainfoin et en luzerne. Depuis quelques années, les sainfoins prospèrent mal et sont de peu de durée. Ceci tient surtout au rang qu'on leur fait occuper dans l'assolement. On les sème généralement à plat, au mois d'avril, sur un ensemencement de baillarge. Le plâtrage, pratiqué depuis peu d'années, produit d'excellents effets, principalement sur les luzernes.

Les vignes sont faites au pic et reçoivent trois ou quatre façons de labour. On les fume à rueller (réganer) au commencement de l'hiver.

Industrie. — Commerce.

Les habitants sont presque tous cultivateurs, et ne désertent guère la contrée pour aller apprendre un métier; leur unique industrie consistant à convertir les vins en eaux-de-vie, a, dans ces derniers temps, pris une grande extension. Ces produits sont très-estimés. Le nombre des distilleries, autrefois peu considérable, s'est prodigieusement accru depuis quelques années (on en compte aujourd'hui 52), et chaque propriétaire aura bientôt la sienne.

Le commerce des eaux-de-vie s'y fait sur une assez grande échelle : les négociants et les bouilleurs, au nombre de 6, expédient en moyenne, par année, de 2 à 3,000 hectolitres d'eau-de-vie provenant des crûs environnants.

Histoire.

Cette commune faisait autrefois partie de la baronnie d'Essouvert, dont le siége était à la Fayolle. Elle paraît n'avoir été composée, au commencement du XVIIIe siècle, que du seul village de la Benâte. Cette opinion, appuyée sur des documents écrits, semble hors de conteste. Des procès-verbaux, des arrêts et autres titres authentiques, datés du XVIIe siècle, attestent que Puymoreau dépendait alors de la paroisse de Lozay, et ce n'est qu'à partir de 1712, époque probable de leur réunion à la Benàte, qu'il est fait mention sur les registres de l'état civil de ce village et des hameaux d'Aumont, de Montrichard et de la Cabane. Ces deux derniers appartiennent aujourd'hui, celui de la Cabane à la commune de Lozay, et l'autre à la commune de Landes.

On tient de tradition qu'au VIIe siècle, la forêt d'Essouvert faisait partie de la forêt d'Angéri, qui s'étendait alors jusqu'à Mazeray. C'est probablement dans une abbaye de cette forêt que fut conclu, en 1305, entre Philippe-le-Bel et le cardinal Bertrand de Goth, ce fameux marché que le peuple appela *marché diabolique*, par lequel Philippe promit à Bertrand de le faire élire pape, s'il s'engageait à lui accorder pendant cinq ans des dîmes sur les membres du clergé, et à lui rendre un important service que Philippe désignerait quand le temps serait venu. C'était la suppression de l'ordre des Templiers, qui eut lieu en 1309.

Guillaume VII, duc d'Aquitaine, avait donné la forêt d'Essouvert à l'abbaye de Saint-Jean-d'Angély, à condition qu'une portion serait donnée à tous les habitants faisant partie de la baronnie d'Essouvert. Cette portion, donnée aux habitants pour l'affouage et le pacage, est demeurée indivise jusqu'en 1859, époque à laquelle la commune du Pin provoqua le partage. Cette question ne souleva aucune objection de la part des co-propriétaires, mais on ne s'entendit pas aussi facilement sur le mode de division. Le Pin demandait le partage par deux et trois cinquièmes, proportion qui avait existé à l'époque du cadastre, et la Benâte le voulait proportionnellement à ses usagers.

Après de longs débats, un décret impérial vint mettre un terme à ces différends en donnant pour base du partage l'art. 105 du Code forestier. L'acte passé devant Mᵉ Duverger, le 7 juin 1862, attribua les 125/329 à la commune du Pin, et les 204/329 à la Benâte et aux sections de la Fête, la Cabane, les Algrettes et Montrichard, qui demeurent annexées. Les soins du partage furent confiés à M. Bonnet, architecte à Saint-Jean-d'Angély. Le procès-verbal de mise en possession des parties intéressées date du 17 mars 1865.

La Benâte possédait autrefois une étude de notaire. Les derniers paraissent avoir été MMᵉˢ Bertin et Tardy.

Salubrité.

La commune jouit d'un air pur et très-salubre. Elle doit ces avantages à la nature de son sol et à la position élevée qu'elle occupe. Le terrain, léger et calcaire, est très-accidenté ; ses fréquentes déclivités favorisent prodigieusement l'écoulement des eaux pluviales qui séjournent peu sur le sol, du reste très-perméable. Le pays possédait autrefois beaucoup de grands arbres ; leur disparition a suivi de près celle des familles bourgeoises qui conservaient, avec un légitime orgueil, ces vieilles plantations aussi agréables que salutaires par l'ombrage et la fraîcheur qu'elles répandaient pendant les fortes chaleurs de l'été. Les habitants, en arrachant ces arbres pour rendre le sol à la culture, se sont privés d'un précieux élément de salubrité. Et si on rapproche cet état de choses du rapport de M. le Dʳ Devers, sur la pustule maligne, on est frappé de la coïncidence qui existe entre l'apparition de cette maladie chez l'homme et l'époque où les plantations ont été détruites, c'est-à dire de 1820 à 1830. Les maladies ordinaires sont les fièvres typhoïdes et les dyssenteries.

Enfin la proportion des décès avec la population de 1844 à 1864, en prenant le terme moyen des deux derniers recensements, est de 1 sur 58. Ce chiffre est la plus juste expression du degré de salubrité de la localité.

Météorologie.

Le climat est doux, l'air est pur, les vents soufflent également de tous les points de l'horizon, aucun ne se fait remarquer par sa violence. Ceux de l'Ouest et du Sud-Ouest sont les plus fréquents. Les gelées tardives ont, en général, peu d'intensité et ne causent presque point de préjudice aux récoltes. Les orages y sont rares.

Mœurs.

Les habitants, laborieux et à l'aise, sont d'une exquise politesse. Ils sont confiants, bons voisins, et leurs liaisons sont presque intimes. Peut-être doivent-ils ces avantages sociaux à la grande conformité de leurs intérêts et de leur condition. Ils aiment les plaisirs de la table, aussi se visitent-ils et s'invitent-ils souvent. Leur goût pour les huîtres est devenu proverbial.

Les femmes participent peu aux travaux des champs, si ce n'est pendant la moisson et les vendanges : elles trouvent dans les soins du ménage et de la famille un plus digne passe-temps.

Coutumes et usages.

C'est à l'occasion des naissances, des mariages et des fêtes que se font remarquer les usages particuliers à chaque localité.

Il y a peu à dire concernant les naissances. Les baptêmes donnent lieu à une petite fête de famille, où sont invités les plus proches parents du nouveau-né. Le parrain donne un bouquet à la marraine et offre des dragées à la société. La cérémonie terminée, et avant de sortir de l'église, on sonne la cloche, de peur que l'enfant ne soit pas sourd.

La célébration des mariages n'a rien de bien remarquable. Les conviés se réunissent chez les parents de la future, où ils passent une couple de jours. C'est la durée habituelle de ces fêtes. Ils ne se retirent presque jamais sans emporter en triomphe, jusque chez eux, quelques restes du festin enfourchés au bout d'une longue perche ornée de lauriers et de rubans. Les deux époux sont conduits à l'autel par le père de la mariée. Leurs parrains et leurs marraines leur offrent d'énormes gâteaux en retour du joli bouquet qu'ils attachent à leur côté, comme signe distinctif de leur place à la noce.

Lorsqu'un père marie le dernier de ses enfants, on lui fait traîner le balai. C'est vers la fin de la deuxième journée et au milieu des plus bruyants éclats de rire que se fait cette singulière cérémonie, qui se termine d'ordinaire par de copieuses libations.

Si un frère se marie avant son aîné, le lendemain des noces, on monte ce dernier dans une charrette que les convives traînent dans tous les sens et dans les endroits les plus rocailleux en poussant des cris étourdissants. Ils ne l'abandonnent que lorsqu'ils sont épuisés de fatigue.

Je dois dire que ces deux dernières coutumes tendent à disparaître de nos fêtes.

On a conservé l'usage d'allumer des feux la veille de la Saint-Jean. Chaque village a le sien. A cette

occasion, on choisit un emplacement un peu isolé des
habitations, on y plante un arbre que l'on entoure de
fagots et de branchages. Les assistants font un grand
cercle, allument le feu, et la jeunesse danse et saute
autour de ce brâsier jusqu'à ce qu'il soit complète-
ment éteint.

Le carnaval compte parmi les réjouissances publi-
ques. Les divertissements du Mardi-Gras ont un certain cachet de distinction : au lieu de masques hideux
et de bariolages grotesques, les jeunes gens, vêtus
proprement, se font remarquer autant par leur bonne
tenue que par l'élégance et la coquetterie de leur
toilette. Une masse collective, qui s'élève toujours à
une centaine de francs, sert à couvrir les frais généraux des divertissements.

C'est le Dimanche-Gras que le cortége fait sa sortie.
Il est ordinairement composé d'un charlatan riche-
ment costumé, trônant dans une superbe calèche à
deux chevaux, conduite par un cocher en grande
livrée. Un commandant et un lieutenant portant tous
les insignes de leurs grades, une estafette en habit
d'intendant, un notaire et une amazone très-riche-
ment parés, précèdent deux époux en cabriolet,
accompagnés de leurs vieux parents, tous montés sur
des ânes ; leur nombreuse suite, à cheval, s'affuble de
costumes aussi gracieux que variés. Le corps d'états
seul est à pied, et certes il n'est pas le moins intéressant : quelques métiers y sont représentés d'une façon
très-grotesque. La troupe, dûment autorisée, passe
ainsi dans quelques communes voisines, où elle est
toujours l'objet du plus sympathique accueil. Plusieurs
discours assez bien tournés sont prononcés çà et là,
et la fête se termine par le dîner suivi du bal obligatoire.

Préjugés. — Superstitions.

Beaucoup de gens croient aux sorciers qui jettent leurs maléfices sur les hommes et sur les animaux ; on prête encore à certains prêtres le pouvoir de conjurer ces sortiléges.

Certaines personnes dont on évite le charme en prononçant *abrenuntio* ou en plaçant deux épingles en croix lorsqu'on les rencontre peuvent, croit-on, se transformer en bêtes, et leur métamorphose est même obligatoire à certains moments donnés. Ces espèces de loups-garous, qu'on appelle ici *bigourgnes,* apparaissent surtout le soir dans le voisinage des habitations.

Il existe aussi, au dire des bonnes femmes, des *esprits* qui nouent et qui dénouent l'aiguillette.

On croit généralement à l'efficacité des *pansements,* c'est-à-dire à l'art de guérir au moyen de certaines prières et surtout de simagrées ridicules. Chaque panseur ou toucheur a sa spécialité et ne peut la transmettre qu'à des personnes moins âgées que lui.

Les habitants ont beaucoup de respect pour l'hirondelle : ils croiraient commettre un sacrilége s'ils détruisaient son nid ou ses petits.

La présence d'une fresaie dans le voisinage d'une habitation est le présage d'une mort prochaine.

La petite chouette ou chevêche, vulgairement appelée *clouk,* par analogie avec son chant, est de moins mauvais augure. Son cri près des habitations intrigue au plus haut point les jeunes femmes : il est l'indice certain d'une grossesse.

Qui tue un grelet (grillon)*, voit bientôt crever son plus beau mouton*

On prête, aux premiers chants des oiseaux qui émigrent pendant l'hiver, diverses influences assez curieuses.

Ainsi, entendus à jeun et pour la première fois :

Le coucou rend vouain (flegme).
La caille fait couper.
La pupu (huppe) *écheviller* (se donner le pied par les chevilles).
La tourtre (tourterelle) *dormir.*
Le rossignol fait coiffer les femmes de côté.
La belette qui traverse le chemin est de mauvais présage.
Le vendredi est toujours un jour néfaste.
Si on met couver des œufs le vendredi, les poulets n'ont pas de fiel.
On rogne l'esprit d'un enfant en lui rognant les ongles avant sept ans.
Les comètes sont toujours des signes de guerre.
Quiconque est parrain pour la première fois à un enfant de son sexe, voit mourir prématurément son second filleul.
Les cuisinières ne font pas de soupe le jour du Mardi-Gras, de peur d'être aveuglées par les mussets (moucherons).
Qui fait la lessive un jour de la semaine sainte, blanchit son suaire.

Disons, pour être juste, qu'on se débarrasse chaque jour de ces ridicules préjugés et que la jeunesse, plus instruite, fait bonne justice de toutes ces superstitions.

Dictons.

Pâques fagnou, Saint-Jean fromentou.
Si les noyers gouttent le jour du Mardi-Gras, on aura des noix.

La Sainte-Titère (Saint-Didier) emporte *les vendanges dans sa devantère* (tablier).

Si le jour de la Saint-Vincent le temps est clair on aura du vin à plein tonneau.

Année de foin, année de rien.

S'il tombe de l'eau le jour de Notre-Dame de Mars, les récoltes périssent aux trois quarts.

Les brumes de la semaine sainte font autant de gelées en mai.

Si le jour de la Chandeleur le soleil paraît à son lever, il y aura peu d'herbe dans les prés.

S'il tonne en février, il faut jeter les cuves sur les fumiers.

S'il tonne en mars, il faut foncer thiubes et tounas (cuves et tonneaux).

Le vent du jour des Rameaux persiste les trois quarts de l'an.

Langage.

Les habitants parlent généralement mal. Leur idiôme est un mélange du patois de la Saintonge et de celui du Poitou. La plupart des mots sont dénaturés par une prononciation vicieuse. On y trouve une infinité d'expressions aussi originales que peu intelligibles. Exemple :

Expressions patoises.	Traduction française.
ANEUT...............	*Aujourd'hui.* Ex. : O fébia aneut (il fait beau aujourd'hui).
PROU...............	*Assez.* Ex. : I en é prou (j'en ai assez).
COURE...............	*Quand* (interrogatif). Ex. : Coure vinreau? (quand viendrez-vous?)
AVOURE.............	*Maintenant, à présent.* Ex. : O faut zou fére avoure (il faut le faire maintenant).
VOURE...............	*Voure* (interrogatif). Ex. : Voure vas-tu? (où vas-tu?)

Expressions patoises.	Traduction française.
QUASIMENT	*Presque.* Ex. : O n'en a quasiment pas (il y en a presque pas).
PREQUÉ	*Pourquoi?* Ex. : Prequé thieu (pourquoi cela?)
GRAND-SOULA	*Beaucoup.* Ex. : O la grand soula de presounes (il y a beaucoup de personnes).
TOUT FEIN PIEIN	*Beaucoup, en quantité.* Ex. : Aveau deaux pesas? en é tout fein piein (avez-vous des pois? j'en ai beaucoup.
JOLIMENT	*Beaucoup.* Ex. : I é fait joliment de jigourit (j'ai fait beaucoup de civet).
CI-EN-ÇA	*Bientôt, aux environs, mais avant.* Ex. : On vouéra thieu perr la St-Jean ci-en-ça (on verra cela un peu avant la St-Jean).
CHÈQUE	*Je crois.* Ex. : Aveaux deaux poumes chez vous? oné na ben encor tiéquine chéque.
QUÉTO	*Qu'est-ce que c'est?* Ex. : Quéto quo lat? (qu'est-ce qu'il y a?).
QUATO	*Qu'y a-t-il?*
CHEUT	*Pièces.* Ex. : Deux cheuts de bêtes (deux pièces de bétail), deux cheuts d'enfants (deux enfants).
CHEUT	*Mamelle, pis.*
EJOBRER	*Débarbouiller.*
JOBROU	*Barbouillé.*
A DAM'OUI	*Certainement que oui.*
A DAM' NON	*Certainement que non.*
REMETTE	*Issu.* Ex. : Cousin remette germain (cousin issu de germain).
LOD, E	*Lent, indolent.* Ex. : In homme lod (un homme lent), une jument lode (qui va lentement).

Expressions patoises.	Traduction française.
Qu'AVEAU...........	*Qu'avez-vous?*
VELEAU............	*Voulez-vous?*
VINREAU...........	*Viendrez-vous?*
VANTÉ.............	*Probablement* Ex. : I ont vanté benn de l'éve (nous avons probablement de l'eau).
FENILLER..........	*Laisser tomber çà et là.* Ex. ; O fenille pretout (ça tombe partout.)
BREDOIRER..........	*Traîner çà et là* (en parlant de liquide gras, gluant. Ex. : Le zou a tout bredoiré su li (il l'a tout laissé tomber sur lui).
EBRENER, ÉBOUILLER..	*Écraser, ébouler.* Ex. : Le s'est ébrené le né (il s'est écrasé le nez), thiau mur est ébouillé (ce mur est éboulé).
CHÉRE.............	*Tomber.* Ex. : Le chéyit de piat (il tombe à plat), les piaux li chéyant (les cheveux lui tombent).
ROQUETHIU.........	*Dernier né, le plus petit.*
SAQUER............	*Fourrer.* Ex. : Le se saquit dan in cru (il se fourra dans un trou).
SEBRER, ÉRALER.....	*Déchirer.* Ex. : L'éralit son mouchoué (il déchira son mouchoir).
LATRINER..........	*Aller avec lenteur.*
SALOPRIE..........	*Rien de bon.* Ex : O lé de la saloprie (ce n'est rien de bon).
AQUE..............	*Expression de dédain sur une chose hideuse.*
BRENUNTIO.........	*Se dit de quelque chose de laid, de hideux.*
TRETOUS...........	*Tout.* Ex. : Y alleau tretous? (y allez-vous tous?)
FIGNOLEUR.........	*Fashionnable.*
RECHEGNOU	*Rechigné, maussade.*
ZIRE..............	*Répugnant* Ex. : Thiau gars fait zire (ce gaillard est répugnant).

Expressions patoises.	Traduction française
BRAMINER...........	*Avoir grand faim*. Ex. Le bra-miniant la faim (ils avaient grand faim.)
NAURIN............	*Cochon*. Ex. : Mon faill a acheté in bia naurin (mon fils a acheté un beau cochon).
COT..............	*Fois*. Ex. : I zou é vut deux cots (je l'ai vu deux fois).
DEVALER..........	*Descendre*. Ex. : Devales-tu de thiau pianchet ? (descends-tu de ce plancher ?)
CHAPETIT	*Doucement*. Ex.: Vas donc pu châ-petit (vas donc plus doucement).
HUCHER	*Appeler haut*. Ex. : Huche donc à ton père (appelle donc ton père).
AVOLUER..........	*Prospérer, profiter*. Ex. : Le fait avoluer son bien (il fait prospérer son bien).
RÉSUNER..........	*Dîner*. Ex. : I é résuné(j'ai dîné).
BUFFER...........	*Souffler*. Ex. : Buffe don avec ta goule (souffle donc avec ta bouche).
GRANMANT.........	*Beaucoup*. Ex. : As-tu deau fenn ? — Pas granmant (As-tu du foin ? — Pas beaucoup).
DOUÈRE...........	*Dehors*. Ex. : Mets thiau jeau douère (mets ce coq dehors).
FRÉRÉCHE.........	*Frères*. Ex. : Lét en bisbille avec ses fréréches (il est en querelle avec ses frères).
AMOUNÉTER........	*Calmer, diminuer de violence*. Ex. : Le vent s'est amounété (le vent a diminué de violence).
DERAMER..........	*User*. Ex. : Deaux thiulottes dera-mées (des culottes usées).
GASSAILLER........	*Écraser*. Ex. : Tu as gassaillé moun' ouvrage (tu as écrasé mon ouvrage).

Expressions patoises.	Traduction française.
S'ÉBOUGER	*Se dépêcher*. Ex. : Ébouge te don (dépêche-toi donc).
DIT-AIN	*Dit-il*. Ex. : I é trouvé trois arlientains, dit-ain (j'ai trouvé trois églantiers, dit-il).
MIGAURÉE	*Troupe*. Ex. : Thielle chenne a toute ine migaurée de petits chenas (cette chienne a tout une troupe de petits chiens).
MERIENNÉE	*Temps qui s'écoule depuis midi jusqu'à 3 heures.*
SÈGRE	*Suivre*. Ex. : Sègue lou don (suis-le donc).
TANSERMENT	*Seulement*. Ex. : Pas tanserment in (pas seulement un).
ABRIER	*Couvrir*. Ex. : Abrie don thiau drôle (couvre donc cet enfant).
LEUSSER	*Placer*. Ex. : Leusse tés afféres (place tes affaires).
VOUAIN	*Flegme*. I sé vouain (je suis flegme).
ARZOU	*Le voici* (en parlant de quelque chose).
ARLOU	*Le voilà* (en parlant de quelqu'un).
TERVE	*Mince* Ex. : Thiau tourta est terve (ce tourteau est mince).
VIRMIN	*Instant*. Ex. : O si fait dan' in virmin (ce fut fait dans un instant).
POUROUX	*Peureux*.
MERME	*Apparamment*. Ex. : O foura benn merme (il faudra bien apparemment).
LUGRER	*Filer, couler* (en parlant d'un corps gluant).
S'ÉLUCHER	*S'éclaircir*. Ex.: Le temps s'éluche (le ciel s'éclaircit).
CHAURIRE	*Sourire*.

Expressions patoises.	Traduction française.
MI TOUT, TÉ TOUT, LI TOUT.............	*Moi aussi, toi aussi, lui aussi.*
NOUS TOUT, VOUS TOUT, ZEU TOUT..........	*Nous aussi, vous aussi, eux aussi.*
THIAU, THIAU THÜ, THIAU LA...........	*Celui, celui-ci, celui-là.*

Première remarque. — La troisième personne pluriel du passé défini de la plupart des verbes se termine en *irant*. Ex. : L'allirant, le firant, le sortirant, le bouévirant (ils allèrent, ils firent, ils sortirent, ils burent).

Deuxième remarque. — La première et la deuxième personnes du singulier du présent du conditionnel se terminent en *ié*. Ex. : Y férié, y mangerié, y sortirié, y vouérié, tu courrerié (je ferais, je mangerais, je sortirais, je verrais, tu courrais).

Troisième remarque. — La terminaison de l'imparfait du subjonctif est toujours *isse*. Ex. : Qu'y mangisse, qu'y serrisse (que je mangeasse, que je serrasse).

Cultes.

L'église de la Benâte, dédiée à Saint-Mathurin, a été fondée par les Bénédictins en 1784. Elle occupait auparavant la partie occidentale du cimetière actuel, où l'on en voit encore les fondations qui accusent le peu d'importance qu'elle devait avoir. La commune possédait aussi une chapelle détruite seulement vers la fin du XVIIIᵉ siècle. Elle était située sur une terre appartenant aujourd'hui au sieur Barbin, huit cents mètres environ au S.-O. de la Benâte. M. Vidal, curé de cette paroisse en 1690, fut inhumé dans la nef de cette chapelle le 18 novembre 1693.

Depuis la révolution, la commune de la Benâte est annexe de la paroisse de Landes. Les habitants, sans exception, professent la religion catholique; ils assistent peu régulièrement à la messe qui ne s'y célèbre qu'une fois par mois.

Les curés qui s'y sont succédé de 1675 à 1793 sont :

MM.

VIOLLE, en 1675.

MARTINEAU, en 1680,

Intérim fait par divers Cordeliers de Saint-Jean-d'Angély, en 1685 :

Guillaud, René du Cher, Vincent, Villemont.

L'intérim fut continué, en 1687, par M. Pathé, curé de Lozay.

VIDAL (François), en 1690.

BRUN, en 1693.

CHASTELIER, en 1695.

PHELIPPON, en 1697.

PANIER, en 1704.

DESPLANQUES, en 1714.

HEMERY, en 1718.

Intérim fait par Dodin et Caffin, ex-Cordeliers, en 1736.

DRIMAS, en 1737.

CORNET, en 1747.

MAURET, en 1752.

SALOMON, en 1789.

Instruction primaire.

La commune possède une maison d'école depuis 1837.

MM.

TOURNAL, qui, le premier, a occupé ce poste, a été instituteur public, de 1835 à 1840.

SOURISSEAU, de 1840 à 1847.

MACHET, de 1847 à 1851.

GABET, de 1851 à 1853.

COMBEAU, de 1853 à 1854.

MICHAUD (Henri-Lucien), en est titulaire depuis le 2 novembre 1854.

Les élèves admis gratuitement sont au nombre de 7.

Le traitement de l'instituteur s'élève en moyenne à 1,100 fr.

L'école possède une bibliothèque scolaire depuis 1863 ; elle compte 50 volumes.

État-civil.

La commune possède une salle de Mairie depuis 1862.

Les maires qui s'y sont succédé depuis l'an II de la République sont :

MM.

JONCHÈRE, 1793.
MANDASSIN, 1800.
ROBILLARD (François), 1804.
LIADOUZE (Jean-Baptiste), 1830.
GENAIN (François), 1832.
BOIZARD (Jean), 1835.
CAILLON (Jean), 1854.
CAILLON (François-Maurice), 1857.
BOIZARD (Jean), 1858.
CAILLON (Sébastien), adjoint, a rempli les fonctions d'officier de l'état-civil de 1804 à 1818 ; il était membre du Conseil de surveillance.

Les archives remontent seulement à l'année 1675. Jusqu'en 1688, il n'y a point de registres : ce ne sont que des feuilles détachées, en lambeaux et rongées de vétusté.

Principaux mariages.

4 Avril 1701. — M. Sébastien TEXIER, sieur de Fief-Cumont, praticien, fils de M. Sébastien TEXIER, avocat en Parlement de Guyenne, et Lucie MATHIOT, fille de sieur Louis MATHIOT, sieur de la Fosse, et de Lucie CHARRON.

De ce mariage naquirent :

Sébastien (25 Janvier 1702); Marie-Marguerite (3 Janvier 1704); Jean (7 Février 1707); Henri (4 Novembre 1709).

8 Février 1703. — M. Pierre CARDAILHAC, apothicaire à Saint-Jean-d'Angély, et Marie GIROIN.

15 Septembre 1710. — M. Sébastien TEXIER, sieur de Fief-Cumont, et Anne-Élisabeth PANIER.

De ce mariage naquit :

Anne Catherine (25 Mars 1713).

25 Novembre 1728. — M. Louis CHARRON, sieur de Fief-Joly, et Marie ALLENET.

De ce mariage naquirent :

Marie (7 Août 1729); Jean-Louis (5 Octobre 1730); Henri (29 Octobre 1731); Jean (3 Novembre 1732); Françoise (12 Novembre 1733); Marguerite 13 Avril 1736).

17 Janvier 1741. — M. Luc ALLENET, orfèvre, et Anne de FIEF-GALET, des Ouches.

De ce mariage naquit :

Thérèze (15 novembre 1744).

Principaux baptêmes.

29 Juin 1705.—Suzanne de FIEF-GALET, 8 Septembre 1706. — Jean-Abel, 1er Avril 1709. — Anne-Marie, 16 Juillet 1711. — Jean-Joseph, Du mariage de : Sieur Jean de FIEF-GALET, sieur des Illes, et de Marianne MARCON.

13 Décembre 1705. — Catherine CHARRON DE FIEF-JOLY, 3 Août 1710. — Louis, Du mariage de : Henri CHARRON Sr DE FIEF-JOLY et de Jeanne JARNY.

9 Septembre 1710. — François-Marie CAFFIN, 22 Juillet 1721. — Michel, 21 Mars 1723. — Claude, 17 Juillet 1724. — François, 26 Septembre 1725. — Suzanne, Du mariage de : Pierre CAFFIN, Sr des Granges, et Dlle Françoise – Gabrielle DUBOUSQUET.

6 Septembre 1728. — Marguerite DEBONNEGENS, fille de M. Jean DEBONNEGENS, sieur de Haut-Mont, Conseiller du roi à Saint-Jean-d'Angély, et de Marguerite SAINTBLANCARD.

27 Août 1733. — Jeanne LEMAISTRE,

8 Novembre 1735. — Louis, — Du mariage de M. Josué LEMAISTRE, seigneur du Pousat, Conseiller du roi, lieutenant-criminel au siége royal de Saint-Jean-d'Angély, et de dame Marguerite SAINTBLANCARD.

22 Février 1734.—Marie-Catherine-Élizabeth LARADE, du mariage de M. Jean-Antoine LARADE, conseiller du roi, lieutenant-particulier au siége royal de Saint-Jean - d'Angély, et de dame Marie - Marguerite PLUCHON.

Principales sépultures.

Ont été inhumés dans le cimetière :

22 Juin 1694. — Louis MATHIOT, sieur de la Fosse (65 ans).

30 Janvier 1703. — Michel GENAUD, tué d'un coup de baïonnette, dans le bois d'Essouvert, par Jean CLER-JAUD, garde du dit bois (56 ans).

28 Mai 1784. — Charles HÉRY, conseiller du roi et son avocat au bureau des finances de la Rochelle (30 ans).

Le troisième jour complémentaire de l'an VIII de la République. — Joseph-Victor LARADE (53 ans).

28 Mars 1837. — Marie-Monique-Elizabeth LEMAIS-TRE, veuve LARADE 80 ans.

Ont été inhumés dans l'église :

8 Octobre 1704. — Marguerite-Blanche BONNE-GENS (18 mois).

16 Juin 1709. — Judith DE FIEF-GALET (72 ans), après avoir abjuré.

27 Janvier 1713. —Sébastien TEXIER, sieur de Fief-Cumont (55 ans).

19 Août 1719. —Marie GIRON DE LUCRIE (75 ans).

13 Décembre 1724. — HENRI CHARRON, sieur de Fief-Joly (72 ans).

27 Décembre 1736. — Sébastien CHARRON, sieur de Châteaupair (76 ans).

7 Septembre 1737. —Marie-Anne ALLENET.

16 Juillet 1749.—Marie-Catherine-Elizabeth LARADE (5 ans).

31 Mai 1752. — Nicolas DU MONT (57 ans).

8 Novembre 1770. —Jean-Antoine LARADE, lieutenant-particulier à Saint-Jean-d'Angély (67 ans).

22 Septembre 1773.—Catherine MARCHANT, veuve du sieur PELLUCHON, avocat.

5 Novembre 1775. — Madelaine ALLENET (76 ans).

Légionnaire.

M. Jean BOIZARD, né le 18 Juillet 1798, nommé chevalier de la Légion-d'Honneur le 12 Mars 1862, pour services rendus à l'Etat, comme Maire.

Médaillée.

Mlle Pauline TILLAUD, née le 2 Septembre 1835, une médaille d'honneur le 28 Janvier 1863, pour avoir, le 9 Juillet 1862, arrêté au péril de sa vie, un cheval emporté et attelé à une charrette dans laquelle étaient trois enfants.

Mai 1865.

NOTICE SUR LA COMMUNE DE MIGRÉ.

—

APPENDICE.

——

NOTICE

SUR

LA COMMUNE DE MIGRÉ

(CANTON DE LOULAY),

PAR

MM. A. BARIL ET **A. VINET**, MEMBRES TITULAIRES.

APPENDICE (1).

Seigneurs de Migré.

Guillaume Maingot, sire de Surgères et de Dompierre-sur-Boutonne, seigneur de Migré, etc., accompagna saint Louis à la croisade en 1248. Il épousa avant 1263 Sédille de Chevreuse. Son fils Guillaume continua la branche aînée.

Hugues de Surgères, second fils de Guillaume Maingot, eut en partage, en 1287, les seigneuries de Cherves, de Migré, etc. Il épousa Jeanne de Sauzée.

Guy de Surgères, seigneur de Migré, etc., épousa en 1305 Olive de la Flocellière, fille et héritière de Geoffroy, seigneur du dit lieu.

Guy de Surgères, IIe du nom, sire de la Flocellière, seigneur de Migré, etc., épousa en 1321 Marguerite de Bourneuf, veuve de Guillaume Chabot, et fille de Jean, sire de Retz.

---

(1) La publication de notre premier travail nous a valu la connaissance de diverses notes. Nous les offrons comme supplément.

V. et B.

Jacques de Surgères, sire de la Flocellière, combattit à Poitiers (1356), testa en septembre 1380, et mourut en 1382. Il avait épousé en 1367 Marie de Montmorency-Laval, fille d'André, sire de Laval, etc., et d'Eustache de Beauçay. Sa fille Isabeau de Surgères eut, comme puînée, la seigneurie de Migré. Elle porta cette seigneurie à son mari et cousin Joachim de Clermont, fils d'Aymar de Clermont et de Jeanne, dame de Surgères, qu'elle épousa le 13 décembre 1394.

De ce mariage naquit, entre autres enfants :

Marguerite de Clermont, qui eut en partage les seigneuries de Migré, de Parençay, etc. Elle épousa Guillaume de Cousdun , chevalier. Leur petite-fille épousa un seigneur de la famille de Posquières, dont vint une fille,

Bonaventure de Posquières , qualifiée dame de Migré, de Parençay, de Machecoul, etc. Elle porta ces seigneuries à son mari Bonaventure de Polignac, seigneur d'Ecoyeux, de Vénérand, etc.

De ce mariage naquit, entre autres enfants :

Christophe de Polignac, seigneur d'Ecoyeux, de Vénérand, de Migré, chevalier de l'ordre du roi, gouverneur de Taillebourg, lieutenant du roi en Saintonge, capitaine de cinquante hommes d'armes des ordonnances de S. M., lequel épousa, le 6 janvier 1544, Renée Gillier, dont vint, entre autres enfants :

Anne de Polignac, qui eut en partage la seigneurie de Migré qu'elle porta à son mari Guy Chesnel. Leur fils, Jean Chesnel, vendit la seigneurie de Migré à Josias de Bremond d'Ars (1), baron d'Ars, des Chas-

______

(1) Cette noble famille descend sans interruption de Guillaume de Bremond, seigneur de Palluaud en Angoumois, qui vivait à la fin du Xᵉ siècle ; elle figure depuis neuf cents ans au premier rang de la

telliers, de Dompierre-sur-Charente, etc., maréchal des camps et armées du roi, et chevalier de son ordre, capitaine de cent hommes d'armes des ordonnances de S. M., colonel d'un régiment d'infanterie, conseiller du roi en ses conseils d'Etat et privé, gentilhomme de la Chambre, commandant-général du ban et arrière-ban d'Angoumois, député de la noblesse de la même province aux états-généraux du royaume, en 1614. .

Jean-Louis de Bremond d'Ars, son fils, marquis d'Ars et de Migré, maréchal des camps et armées du roi, (1) mourut des suites des blessures qu'il reçut en

---

noblesse d'Aquitaine. Nous voyons Pierre de Bremond figurer comme témoin, en 1143, avec les plus grands seigneurs d'Angoumois, tels que Ranulfe de Jarnac, beau-frère du comte d'Angoulême, Guillaume de Montmoreau, etc., dans une transaction avec les moines de Saint-Cybard, au sujet de la seigneurie de Palluaud. Pierre de Bremond, IIe du nom, prit part à la croisade de 1248, et mourut en Palestine. L'un de ses fils, Pierre III, gouverneur de Cognac en 1267, fut exécuteur testamentaire de Guy de Lusignan, après avoir été le compagnon d'armes de ce personnage pendant de longues années. Mérigot de Bremond fut tué en 1596, à la Bataille de Nicopolis, en combattant sous les ordres du maréchal de Boucicaut. Guillaume de Bremond, IVe du nom, chevalier, seigneur de Jazennes et d'Echillais, fut tué à Crécy (1346); il avait épousé, en 1340, Jeanne d'Ars, fille et héritière de Gombaud II, seigneur du dit lieu d'Ars, de Balanzac, etc., dernier rejeton mâle des sires d'Ars et de Balanzac, puinés des sires ou princes de Pons en Saintonge, eux-mêmes issus des ducs d'Aquitaine; Guillaume V, son fils, fut tué à Azincourt. Le fils de Guillaume V, Pierre, seigneur d'Ars, fut l'un des compagnons de Jeanne d'Arc; sa petite-fille, Catherine de Bremond, épousa Artus de Vivonne, père du marquis de Pisany et aïeul de la célèbre Catherine de Vivonne, marquise de Rambouillet. (Anatole de Barthélemy: Notice sur Charles de Bremond, marquis d'Ars, tué à bord de la frégate l'*Opâle* dans un combat contre les Anglais, en 1761).

(1) C'est par erreur que nous avons rapporté, page 50, que Jean-Louis de Bremond d'Ars, seigneur de Migré, fut tué à Malaga. C'est Jean-Louis de Bremond d'Ars, baron de Saint-Fort-sur-Né, qui fut emporté par un boulet de canon en combattant aux côtés de M. le comte de Toulouse, à Malaga, en 1704; il était fils de Jean-Louis de Bremond d'Ars, baron de Dompierre-sur-Charente, page du roi Louis XIV.

défendant la ville de Cognac, assiégée en 1651 par le prince de Condé et le duc de La Rochefoucauld à la tête des Frondeurs. Il était accompagné de ses deux fils, qui périrent l'année suivante à Montanceys, en Périgord. Son frère, François de Bremond d'Ars, baron des Chastelliers, périt au siége de Saint-Jean-d'Angély, en 1621. Le marquis de Migré avait épousé Marie de Verdelin (1).

De ce mariage naquirent huit enfants :

1° Josias de Bremond d'Ars, deuxième du nom, marquis d'Ars (2), né au château d'Orlac, le 20 sep-

----

(1) Marie de Verdelin, avait pour trisaïeul Gaspard de Verdelin, qui servit dans les guerres d'Italie, et épousa Marthe de Camplong, fille de Bertrand-Guilhem, l'un des écuyers du cardinal de Foix, légat d'Avignon, et d'Annette de Sade, fille de Raimbaud II de Sade, à qui le pape Nicolas V donna la seigneurie de Saumane, en récompense des services qu'il avait rendus, tant à l'Eglise romaine, dans plusieurs négociations, qu'à lui-même, comme attaché à sa personne en qualité d'écuyer. La maison de Verdelin, divisée en plusieurs branches, aujourd'hui entièrement éteintes, a fourni plus de quinze chevaliers de Rhodes et de Malte, dont huit commandeurs et un grand-bailli. Le dernier représentant de cette noble et ancienne maison, trois fois alliée directement à celle de Bremond d'Ars, Auguste-Charles de Verdelin, capitaine d'état-major, fils de Jean-Charles, marquis de Verdelin-Montaigut, et de Charlotte-Hélène-Angélique de Saint-Belin-Vaudemont, a été tué en Espagne, en 1823. — (La Chenaye des Bois.) — Les armes de Verdelin étaient : d'or à la face d'azur, surmontée d'un oiseau de sinople, appelé Verdelet, les pattes de gueules; sur un écusson aux armes de l'Empire.

(2) Nous voyons, par des notes qui nous ont été communiquées par M. le comte Anatole de Bremond d'Ars, que, suivant la coutume adoptée dans la maison de Bremond, où chaque branche et chaque rameau prenaient un titre particulier, le fils aîné portait dans sa jeunesse le nom de baron de Chastelliers, et le nom de Migré était porté par le frère puîné. C'est donc par erreur que nous avons désigné, page 50, Josias II comme étant titré marquis de Migré. Ce titre était porté par Pierre de Bremond d'Ars, son frère puîné. Après la mort de ces deux jeunes seigneurs, Migré devint la propriété de Louise de Bre-

tembre 1632, fut tué à Montanceys. Nous avons rapporté, page 50, les circonstances de la mort de ce jeune seigneur.

2° Pierre de Bremond d'Ars, titré marquis de Migré, comme frère puîné du marquis d'Ars, né au château d'Orlac, le 24 août 1634, combattit à Montanceys, auprès de son frère ; épuisé par de nombreuses blessures, il fut fait prisonnier et emmené à Périgueux, obtint sa liberté moyennant quatre mille livres de rançon, et mourut l'année suivante. Le jeune marquis de Migré avait été, aussitôt la mort de son frère Josias, qualifié seigneur et marquis d'Ars, comme chef de sa maison.

3° Louise de Bremond d'Ars, née le 14 février 1636, eut en partage la terre de Migré. Elle épousa, le 8 juin 1654, Jacques d'Abzac, seigneur de Mayac, etc.

4° Jacques de Bremond d'Ars, chevalier, seigneur et marquis d'Ars, seigneur de Gimeux, de Coulonge, du Solançon, etc., naquit au château d'Orlac, le 22 juin 1637, et fut baptisé dans l'église paroissiale de

---

mond d'Ars, qui le porta dans la maison d'Abzac avec la qualification de marquis, que ses descendants conservèrent légalement dans les actes et à la cour.

Avec le dernier marquis de Migré du nom d'Abzac, cette qualification revient naturellement à la maison de Bremond d'Ars, et, pour se conformer à l'ancienne coutume, ne peut être revendiquée que par les descendants du second rameau de la branche principale actuelle ; il est même à remarquer que M. le comte Anatole de Bremond d'Ars, fils aîné du général de Bremond d'Ars, se trouve par sa mère, née de Guitard de la Borie, descendre des seigneurs primitifs de Migré. Marie de Volvire-Ruffec, femme de son cinquième aïeul maternel, François de Guitard, chevalier, seigneur de la Borie, descendait au septième degré de Jacques de Surgères, seigneur de Migré, marié à Marie de Montmorency-Laval, et par conséquent au onzième degré de Guillaume, sire de Surgères, croisé en 1248, qui donna à son fils, Hugues de Surgères, cette seigneurie de Migré, comme apanage de puîné (V. Dom Vialart, *Histoire de la maison de Surgères*).

Saint-André d'Orlac, le 7 juillet 1639, en présence de François de La Fayette, évêque de Limoges, de Bernard Despructz, évêque de Saint-Papoul, et de Jacques Raoul, évêque de Saintes, qui fut son parrain. La marraine fut Marie-Claire de Bauffremont, marquise de Senecey, comtesse de Fleix, première dame d'honneur de la reine Anne d'Autriche, et femme de Jean-Baptiste-Gaston de Foix, comte de Fleix, petite fille de Jean-Louis de la Rochefoucauld, comte de Randan, cousin issu de germain de Marie de la Rochefoucauld, femme de Josias de Bremond d'Ars.

5° Jean-Louis de Bremond d'Ars, auteur de la branche des seigneurs d'Orlac et de Dompierre-sur-Charente, aujourd'hui aînés de la maison de Bremond.

6° Pierre de Bremond d'Ars, appelé M. de Lussay, naquit au château d'Ars, le 10 mai 1642, fut baptisé le 15 avril 1643, et mourut en 1660, laissant sa fortune à ses deux frères.

7° Françoise-Angélique de Bremond d'Ars, née le 26 avril 1643, entra à l'âge de quinze ans au couvent des Ursulines de Loudun, et fit profession en 1660.

8° Gabrielle de Bremond d'Ars, fut religieuse carmélite au couvent de Saintes, et mourut jeune, dans les plus grands sentiments de piété (1).

(Voir la suite des *Seigneurs de Migré*, à Jacques d'Abzac, page 50.)

---

(1) Notes dues à l'obligeance de M. le comte Anatole de Bremond d'Ars, qui a bien voulu nous communiquer un extrait de l'*Histoire de la Maison de Bremond d'Ars*, par Léon de Beaumont, évêque de Saintes, et continuée jusqu'en 1779 par le R. P. Loys.

OBSERVATIONS

SUR

LES HIRUNDO RUSTICA (*Lin.*), CHELIDON URBICA (*Boié.*) ET CYPSELUS APUS (*Illig.*).

OBSERVATIONS

SUR LES

HIRUNDO RUSTICA (*Lin.*), CHELIDON URBICA (*Boié.*)

ET

CYPSELUS APUS (*Illig.*)

PAR

M. ADOLPHE TRÉMEAU DE ROCHEBRUNE, PÈRE

Ancien Conservateur du Musée d'Angoulême,
Membre correspondant de la Société Linnéenne de Bordeaux,
De la Société Historique et Scientifique de St-Jean-d'Angély,
De la Société Archéologique de la Loire-Inférieure, etc., etc. (1).

Les innovations sont devenues si communes en histoire naturelle, qu'on les regarde comme une nécessité. On croit n'avoir plus rien à faire lorsqu'on est allé à grand'peine se procurer dans les pays les plus éloignés un nombre considérable d'objets dont on ne connaît et dont on ne rapporte la dépouille, que pour en faire ou des genres ou des espèces nouvelles ; les mœurs des mammifères, des oiseaux, etc., sont peu connues et encore moins étudiées ; l'esprit d'observation est remplacé par l'esprit de système et de nomenclature ; on préfère, comme l'a dit l'immortel Buffon, une science dont le langage est plus difficile que la science elle-même, de là cette quantité de mots qui fourmillent dans les ouvrages qui se fabriquent tous les jours, où l'on croit apprendre quelque chose et où l'on ne trouve que des répétitions surannées, des classifications embrouillées,

---

(1) Travail présenté à la séance du 7 décembre 1865.

des rapprochements les plus choquants et les plus disparates. Je reconnais l'utilité des méthodes, mais je ne voudrais pas que tout leur fut sacrifié ; en voulant toujours innover, on marche de mal en pis, on tombe dans le chaos ; si on annonce quelques découvertes ou quelques améliorations, elles sont pour la plupart tirées des vieux auteurs relégués sur les rayons poudreux de bibliothèques ignorées, ou dans les boutiques des bouquinistes, et présentées sous une forme plus moderne et plus amphatique, elles ont un air de nouveauté qui trompe ceux qui n'en connaissent pas l'origine.

La migration des hirondelles comme leur arrivée dans nos climats, a donné lieu à bien des fables, aucun oiseau cependant ne peut être plus facilement observé puisque toujours fidèle aux lieux qui l'ont vu naître , il revient chaque année partager nos habitations et se mettre pour ainsi dire à notre disposition : pourtant il est un de ceux dont on a voulu le moins s'occuper. Son accouplement et ses mœurs sont environnés de tant d'erreurs, qu'on nous saura peut-être gré d'avoir éclairci cette partie de l'histoire naturelle que la contrariété des témoignages semblait avoir condamné à des ténèbres éternelles.

« On a vu, dit Gueneau de Montbeillard, le mâle
« et la femelle de l'hirondelle de fenêtres, se caresser
« sur le bord du nid qui n'était pas encore achevé, se
« becqueter avec un petit gazouillement expressif,
« mais on ne les a point vu s'accoupler, ce qui donne
« lieu de croire qu'ils s'accouplent dans le nid où
« on les entend gazouiller ainsi de grand matin et
« quelquefois pendant la nuit. (1)

---

(1) *Histoire naturelle des oiseaux* de Buffon ; page 621, tome VI, édition in-4° de l'imprimerie royale, 1779.

Gueneau de Montbeillard n'admet point le fait, il n'en parle que comme d'une chose qui peut avoir lieu, mais dont il n'a aucune preuve certaine. De même que l'illustre Buffon dont il était l'ami et le digne collaborateur, il n'avance rien à la légère, avant de conclure il voulait s'entourer de preuves irrécusables.

« Lorsque l'œuvre de la nidification à laquelle le « mâle et la femelle concourent également et pour « laquelle ils n'emploient d'autres instruments que « le bec et les pieds est terminée, alors commence « pour les hirondelles les fonctions de la repro- « duction ; l'acte de l'accouplement qui chez les « autres oiseaux a lieu en dehors et très-souvent loin « du nid, s'accomplit généralement chez les hiron- « delles dans le nid même. (1)

Pendant plusieurs années nous avons observé une grande quantité d'hirondelles qui habitaient sous un hangard de notre maison de campagne, nous n'avons jamais pu voir consommer l'accouplement dans le nid ; il aurait pu d'autant moins nous échapper que nous avions sous ce hangard vingt à trente nids dont chacun servait de berceau à deux couvées et que les hirondelles y vivaient dans une paix assez profonde pour que rien ne troublât cette mystérieuse union.

L'accouplement des hirondelles n'a jamais lieu dans le nid, il s'accomplit d'assez grand matin et quelquefois dans la journée sur la gouttière d'une maison, sur quelque entablement en saillie, ou sur un arbre un peu élevé ; le mâle placé près de sa femelle cherche par son gazouillement à exciter sa tendresse, après avoir exprimé ses désirs, il l'invite

---

(1) *Dictionnaire universel d'histoire naturelle* ; page 642, 1re colonne, tome VI, grand in-8°, Paris, 1845.

à prendre l'essor ; tous les deux s'élancent dans l'air, volent quelques instants et reviennent se reposer à l'endroit qu'ils ont quitté. Le mâle alors recommence son doux ramage et devient plus empressé et plus impatient, il s'élève en voltigeant au dessus de sa femelle, se joint à elle et reprend sa place à côté d'elle ; de nouvelles caresses sont échangées pour préluder à de nouveaux plaisirs ; enfin l'un et l'autre s'envolent pour se mettre en chasse, ou pour s'occuper de la construction du nid que va demander leur naissante famille. L'accouplement est répété deux à trois fois et toujours dans les mêmes circonstances.

« L'incubation au soin de laquelle les mâles
« prennent assez souvent part, est de douze à quinze
« jours. Tant que dure cette fonction, les mâles ont
« une attention vraiment admirable pour les femelles,
« ,ils les nourissent dans le nid comme ils nour-
« rissent leurs petits et charment leur ennui par un
« gazouillement monotone, il est vrai, mais qui
« pourtant a sa grâce. (1) »

Ce fait n'est point exact ; les mâles ne prennent point part à l'incubation et ne nourrissent pas leurs femelles dans le nid, car elles le quittent quelques instants dans la journée pour aller chercher leur nourriture et prendre un exercice indispensable et salutaire. La couche moëlleuse sur laquelle reposent les œufs, entretient une douce chaleur qui permet aux femelles de s'absenter et dispense le mâle de prendre sa place ; quelquefois, elles abandonnent forcément le nid, lorsque quelque animal vient rôder à l'entour ; alors elles poussent des cris qui annoncent leur désespoir, elles voltigent à peu de distance et

---

(1) *Dictionnaire universel d'histoire naturelle*, page 642, 1re colonne, tome VI, grand in-8°, Paris, 1845.

secondées par le mâle, elles cherchent à force de bruit à éloigner l'objet qui les trouble dans leur tendre occupation.

L'observation de Montbeillard est on ne plus juste lorsqu'il dit : « Tandis que la femelle couve, le mâle « passe la nuit au bord du nid, il dort peu car on « l'entend babiller dès l'aube du jour et il voltige « jusqu'à la nuit close. (1) »

Combien de fois nous les avons surpris au crépuscule du matin, lorsqu'ils quittaient le bord du nid où ils avaient passé la nuit et qu'ils allaient se percher non loin de là pour charmer par leur gazouillement animé la peine de leur femelle. Quelle personne ayant près de sa demeure quelques nids d'hirondelles, n'a pas été réveillée par elles et ne les a pas entendu chanter jusqu'au lever de l'aurore ?

Lorsque les petits sont éclos, le mâle et la femelle se partagent les soins de l'éducation, ils chassent et apportent sans cesse la nourriture à leurs petits ; cette nourriture consiste en insectes qu'ils saisissent en volant. La chasse la plus abondante se fait sur les prairies ; tous les insectes leur conviennent, coléoptères, lépidoptères, sont pris avec la même avidité ; maintes fois, j'ai trouvé au-dessous du nid, l'*Ontophagus taurus* (Latr) qui avait été rejeté par les petits.

L'hirondelle a grand soin d'entretenir la propreté dans le nid, son attention va si loin que lorsqu'elle nourrit ses petits, si l'un d'eux se dispose à fienter, elle saisit la fiente avec son bec et l'emporte pour la laisser tomber à une assez grande distance. Aristote l'avait remarqué : « La mère dit-il apprend aux petits « à se tourner eux-mêmes en dehors pour jeter leur

(1) *Histoire naturelle des oiseaux* de Buffon, page 597, tome VI, édition in-4° de l'imprimerie royale, 1779.

« fiente. (1) » Cette habitude ne leur vient point de l'éducation mais d'un instinct naturel aux petits oiseaux ; la forme sphérique du nid les facilite, pressés par le besoin ils s'avancent à reculons jusqu'au bord du nid et peuvent se vider sans peine et sans être infectés de malpropreté.

Quelque temps avant de quitter le nid, les jeunes hirondelles s'habituent au vol, elles s'accrochent au bord et en dehors du nid et essayent leurs faibles ailes, elles répètent souvent cet exercice pendant le jour et lorsqu'elles se sentent assez fortes, elles abandonnent leur berceau pour suivre leurs parents qui les conduisent sur la toiture d'une maison ou sur un arbre voisin et les instruisent en exécutant avec elles toutes sortes d'évolutions; ils leur apprennent à connaître le cri de rappel et d'alarme, à un signal toute la famille se réfugie au même endroit. Bien souvent le père et la mère se reposent pendant que les petits voltigent près d'eux et si ils craignent qu'un exercice trop prolongé les fatigue, ils les invitent par un cri particulier à venir se reposer. Les petites hirondelles n'étant pas encore assez fortes et assez expérimentées pour chasser, le père et la mère les nourrissent pendant quelques jours; ils font en cela comme beaucoup de petits oiseaux dont la sollicitude paternelle pourvoit à l'entretien de leurs petits. Nous avons vu des hirondelles qui donnaient en volant la becquée à leurs petits.

« Dès leur arrivée les hirondelles se montrent au-
« dessus des eaux, cette apparition subite a vraisem-
« blablement donné lieu à l'opinion émise par les
« anciens et qui trouve encore des partisans parmi

---

(1) Aristote.- *Histoire des animaux*, page 555, livre IX, tome 1er, traduction de Camus, édition in-4°, 1783.

« les modernes, que ces oiseaux passent l'hiver dáns
« nos climats, mais engourdis au fond des marais. » (1)

Si dès leur arrivée on voit les hirondelles rechercher
les endroits abrités des petites rivières et des marais
et leur donner la préférence, c'est qu'elles y trouvent
une plus grande quantité d'insectes et que la nourriture y est plus abondante et la chasse plus facile. Ce
séjour que la nécessité les oblige à choisir ne peut
être admis comme une preuve de leur hibernation au
fond des eaux et l'on ne peut alléguer l'opinion émise
par les anciens en faveur de cette fable. Aristote et
Pline n'en parlent pas. Ils disent : « Que les hiron-
« delles vont passer l'hiver dans des climats d'une
« température plus douce, lorsque ces climats ne
« sont pas fort éloignés ; mais que lorsqu'elles se
« trouvent à une grande distance de ces régions
« tempérées, elles restent pendant l'hiver dans le
« pays natal et prennent seulement la précaution de
« se cacher dans quelque gorge de montagne bien
« exposée. (2) » Un grand nombre d'auteurs ont
cru à l'immersion des hirondelles pendant l'hiver (3),
mais le nombre des naturalistes qui n'y croyaient pas
l'emporte de beaucoup (4). Les partisans les plus
zélés de l'immersion malgré tout ce qu'ils ont pu faire
pour l'accréditer, avouent qu'ils n'ont jamais été assez
heureux pour parvenir à voir une seule hirondelle
tirée de l'eau. Pallas affirme qu'on ne connaît point

---

(1) *Dictionnaire classique d'histoire naturelle*, page 252, 2ᵉ
colonne, tome VIII, in-8°, Paris, 1825.

(2) Aristote. *Histoire des animaux*, livre VIII, page 499, tome
1ᵉʳ, traduction de Camus, édition in-4°, 1783.

(3) Schœller, Hevelius, Aldrovande, Nicander, Bertin, Gérard,
Schwenkfeld, Rzaczinski, Derham, Klein, Ellis, Linneus, de Humbolt,
Milne Edwards.

(4) Marsigli, Ray, Willughby, Catesby, Collinson, Wagger, Edwards,
Réaumur, Adanson, Frisck, Tesdorf, Lottinger, Valisnieri, les auteurs
de l'ornithologie italienne, etc.

en Russie la fable faite sur l'habitude des hirondelles de passer l'hiver au fond de l'eau quoiqu'il n'y ait pas de pays dans l'univers où il se fasse autant de pêches et où l'on tire autant le filet, tant en hiver sous la glace, qu'au printemps aussitôt après la débâcle des glaces (1). Buffon voulant s'assurer si les hirondelles étaient sujettes à l'engourdissement en fit renfermer quelques-unes dans une glacière où il les tint plus ou moins de temps. Elles ne s'engourdirent point, la plupart y moururent et aucune ne reprit de mouvement aux rayons du soleil, les autres qui n'avaient souffert le froid de la glacière que pendant peu de temps, conservèrent leur mouvement et en sortirent vivantes (2). Les expériences faites par Buffon, les preuves données par Montbeillard sur l'invraisemblance de l'engourdissemsnt des hirondelles, auraient dû suffire pour détruire ce préjugé. Leur passage régulier dans les îles de l'Archipel ; leurs voyages d'Afrique en Europe et d'Europe en Afrique ; leur arrivée au Sénégal au mois d'octobre, constatée par Adanson ; leur séjour dans le royaume d'Issigny (côte d'or, Sénégal), depuis le mois d'octobre jusqu'au mois de mars (3) ; l'hirondelle qui vint se poser le 29 octobre 1806 sur le bâtiment qui tranportait Châteaubriand en Syrie (4), celle qui suivit le 29 octobre 1791 le vaisseau sur lequel Labillardière allait de

---

(1) *Voyage de Pallas dans les différentes provinces de l'empire de Russie*, page 224, avril 1769, tome 1er, édition in-4°, Paris, 1788.

(2) *Histoire naturelle des oiseaux*, de Buffon, page XXV, tome 1er, édition in-4° de l'imprimerie royale, 1770.

(3) *Voyage de Loyer à Issigny*, (côte d'or, Sénégal), pendant les années 1701, 1702, 1703, *Histoire générale des voyages*, page 422, tome 3, édition in-4°, Paris 1757.

(4) *Itinéraire de Paris à Jérusalem*, par Châteaubriand, page 93, tome II, 3e édition, in-8°, Paris, 1812.

Ténérif au cap de Bonne-Espérance (1), sont autant de preuves qui attestent leurs migrations.

L'hirondelle de cheminée émigrant plus tard que ses congénères, ayant l'habitude de se retirer le soir au mois de septembre sur les *Alnus glutinosa* et sur les *Phragmites communis* qui croissent au bord des rivières et des étangs, quelques-unes auront été précipitées dans les eaux où elles se seront noyées et d'où on les aura retirées par hasard, de là la fable de l'immersion hibernale; elles peuvent si peu vivre sous les eaux que les auteurs de l'ornithologie italienne assurent positivement que toutes les hirondelles qu'on a plongées sous l'eau dans le temps même de leur disparition, y moururent au bout de quelques minutes. Elles sont très-sensibles au froid ; les matinées fraîches de la fin d'août et de septembre les incommodent beaucoup, on les voit alors se rassembler sur un arbre bien exposé au soleil pour se réchauffer ; elles peuvent d'autant moins supporter la température glaciale des étangs, qu'on en a vu périr par des gelées tardives du printemps. Buffon l'avait remarqué, et nous l'avons observé en Poitou en 1832. Le commencement du printemps fut très-froid, le thermomètre de Réaumur descendit à trois degrés au-dessous de zéro, un grand nombre d'hirondelles furent trouvées mortes dans les cheminées et dans l'intérieur de la ville que nous habitions alors.

Ces observations qui se renouvellent souvent et que bien peu de personnes devraient ignorer, n'ont point empêché M. Dutrochet d'écrire à M. Isidore Geoffroi que : « des hirondelles ont été trouvées engourdies au milieu de l'hiver dans un

---

(1) *Relation du voyage à la recherche de Lapeyrousse* pendant les années 1791, 92, par Labillardière, page 37, tome 1er, édition in-8°, Paris, an VIII, 1799, 1800.

enfoncement de muraille et dans l'intérieur d'un bâtiment et que réchauffées entre les mains de ceux qui les avaient prises, elles ne tardèrent pas à s'envoler (1). M. le docteur Larey fait aussi connaître dans un rapport que : « passant à la fin de l'hiver 1792 « dans la vallée de Maurienne (Savoie) pour revenir « en France, il avait découvert dans une grotte « profonde d'une montagne nommée l'Hirondelière, « une grande quantité de ces oiseaux suspendus « comme un essaim d'abeilles dans l'un des coins de « cette grotte (2). » De ce fait M. Larey conclut que loin d'émigrer, ou de passer les mers comme on l'avait cru jusqu'alors, les hirondelles, du moins celles de nos climats, hivernaient dans les anfractuosités des Alpes et des Pyrénées.

S'il en était ainsi, l'arrivée des hirondelles n'aurait pas lieu à une époque fixe, nous les verrions apparaître quelquefois plus tôt ou plus tard, car souvent les mois de février et de mars ont une température plus douce que celle d'avril et de mai. Cependant elles arrivent constamment du 28 mars au 1er avril à moins qu'elles ne soient contrariées par un vent sud-ouest qui s'oppose à leur marche et ne les retarde de huit à dix jours comme cela eut lieu en 1865. Les hirondelles ne peuvent rester accrochées à la voûte d'une caverne se tenant les unes aux autres, leurs organes ne sont pas conformés pour ce mode de suspension verticale, et leurs pattes n'ont pas des doigts égaux et courbés paralèllement terminés par des griffes très-comprimées et pointues; leur

____

(1) Extrait d'une lettre de M. Dutrochet à M. Isidore Geoffroi, comptes-rendus hobdomadaires de l'académie des sciences (institut) page 703, tome VI, janvier-juin 1838.

(2) Note sur l'hibernation des hirondelles communiquée par M. le docteur Larey, comptes-rendus hebdomadaires de l'Académie des ciences (institut) page 703, tome VI, janvier-juin 1838..

pied ne forme pas un crochet qui sans effort musculaire et par le seul effet de la courbure des doigts
les-tienne suspendues à la moindre aspérité, à la plus
petite saillie. Chez les chauve-souris la suspension
n'est qu'un moyen de se soustraire au danger qui les
menace, leur seule ressource est de pouvoir se
mettre au vol pour fuir. M. Larey n'aura pas examiné
attentivement l'espèce d'animaux suspendus à la
voûte de la grotte de la vallée de Maurienne, il aura
pris des *chauve-souris* pour des *hirondelles*.

Nous croyons devoir faire connaître le passage
suivant, il fait trop d'honneur à la science pour rester
ignoré, il prouve jusqu'à quel point on doit ajouter
foi aux preuves avancées par les partisans de l'immersion. « Un témoin oculaire lequel faisant appro-
« fondir dans les environs de Bruxelles l'un des
« étangs qui servent de réservoir pour les eaux qu'une
« machine hydraulique verse dans la ville, vit
« amener avec la vase de cet étang des paquets de
« plume qu'il prit d'abord pour des dépouilles
« pelotonnées de la canardière ; mais bientôt
« s'apercevant que ces paquets après un certain
« temps d'exposition au soleil, commençaient à
« remuer, il les examina de plus près, en détacha
« des oiseaux d'une couleur brune cendrée dont la
« forme ressemblait à des hirondelles ; ces oiseaux
« ne purent résister à la brusque impression de l'air,
« ils moururent au bout de quelques heures (1).

« Les hirondelles dont on a détruit plusieurs fois
« les nids et qui ont perdu du temps à les recons-
« truire et à pondre une seconde ou une troisième
« fois, demeurent par amour pour leurs petits et
« aiment mieux souffrir l'intempérie de la saison,

---

(1) *Dictionnaire classique d'histoire naturelle*, page 253, 1re,
colonne, tome VIII, édition, in-8", Paris 1825.

« que de les abandonner; ainsi elles ne partent
« qu'après les autres, ne pouvant emmener leurs
« petits, elles restent au pays pour y mourir avec
« eux (1). »

Si l'on fait attention à l'époque de la migration des
hirondelles on pourra se convaincre : que la reconstruction du nid ou les couvées tardives, ne peuvent
les forcer à rester dans nos climats pendant l'hiver.
Elles font deux couvées, dont la dernière a lieu au
mois de juillet; les petits peuvent quitter le nid du
vingt au trente et leur éducation est achevée à la mi-
août; mais quand bien même les petites hirondelles
d'une couvée tardive ne seraient élevées qu'à la mi-
septembre, elles seraient encore assez fortes pour
faire partie du départ général qui a lieu du quinze au
vingt octobre. Sous le hangard où nous avions une
colonie d'hirondelles, des nids ont été détruits sans
que pour cela la réédification des nids et les couvées
tardives aient empêché les hirondelles de partir, et
pas une seule n'est restée dans le pays après les
autres. Nous avons fait relever d'anciens murs, abattre
de vieux arbres creux, nous n'y avons jamais trouvé
d'hirondelles blotties et engourdies, nous avons fait
curer des étangs nous n'en avons pas vu tirer des
*oiseaux de couleur brune cendrée dont la forme
ressemblait à des hirondelles.*

Les hirondelles supportent difficilement la priva-
tion de nourriture, une abstinence de quelques jours
les fait mourir de faim. « En 1740 les insectes pa-
« rurent en l'air plus tard que dans les années
« ordinaires, dit Réaumur, les hirondelles fatiguées
« par des vols qui ne les mettaient pas en état de
« prendre le petit gibier nécessaire pour les faire

----

(1) *Histoire naturelle* de Buffon, page XVI-XVII, tome 1er, édition
in-4° de l'imprimerie royale 1770.

« vivre, tombaient à terre sans force et périssaient
« faute de nourriture ; elles étaient arrivées en Alsace
« dès le commencement d'avril et n'ayant pas trouvé
« d'insectes elles avaient été réduites à mourir de
« faim ; on les voyait tomber à toute heure du jour
« aux pieds des passants dans les rues (1). » Elles
« se réunissaient en assez grand nombre sur une
« rivière qui bordait une terrasse appartenant alors
« à M. Hébert et où elles tombaient mortes à cha-
« que instant ; l'eau était couverte de leurs petits
« cadavres, ce n'était point par l'excès du froid
« qu'elles périssaient, tout annonçait que c'était
« faute de nourriture.

« Cette circonstance est à remarquer, dit Buffon,
« ne fut-ce que pour prévenir la fausse idée de ceux
« qui ne verraient dans tout ceci que des hirondelles
« engourdies par le froid et qui vont attendre au
« fond de l'eau la véritable température du prin-
« temps (2).

« Le nid des hirondelles est construit avec un
« ciment formé de terre gâchée par la matière
« glutineuse secrétée par le bec et de débris de
« matières végétales ou animales (3).

Lorsque les hirondelles construisent leur nid elles
choisissent la boue fraiche des ornières des chemins
ou des ruisseaux des rues. L'hirondelle de cheminée
prend dans son bec un brin de foin ou d'herbe sèche,
elle y joint une becquée de boue qu'elle enlève par
trois ou quatre coups de bec, elle transporte ces ma-

---

(1) *Observations du thermomètre* faites en 1740 par Réaumur, mémoire de l'académie des sciences, page 549-550, année 7440.

(2) *Histoire naturelle* des oiseaux de Buffon, page 593-94 et note2, tome VI, édition in-4°, de l'imprimerie royale, Paris 1779.

(3) *Dictionnaire classique d'histoire naturelle* page 233, 2e colonne, tome VIII, in-8°, Paris 1825.

tériaux à l'endroit qu'elle a choisi et ils servent à bâtir le nid. Ce nid présente une surface très-raboteuse et on peut juger par le grand nombre d'aspérités et de brins d'herbes qui y sont attachés combien il a dû coûter de travail et quelle immense quantité de *matière glutineuse* il eut fallu. L'hirondelle de fenêtre n'emploie que de la boue à l'extérieur, elle ne se sert pas de matière *glutineuse secrétée par le bec pour convertir la terre en mortier.* Une sécheresse constante régna pendant tout le mois d'avril 1854, les hirondelles qui habitaient la ville furent forcées de retarder leurs constructions, il n'y eut que celles qui retrouvèrent leurs anciennes demeures qui purent se livrer à l'incubation ; mais lorsque la pluie arriva, un grand nombre furent occupées à récolter dans les rues les matériaux qui leur avaient manqué pour bâtir l'èdifice qui devait recevoir le fruit de leurs amours, la *matière glutineuse* devient donc insuffisante lorsque les hirondelles ne sont pas favorisées par les circonstances atmosphériques. Les hirondelles qui récoltent leurs matériaux de construction sont plus hardies et se laissent moins intimider par la présence de l'homme, on peut les approcher d'assez près sans qu'elles se dérangent de leurs occupations.

Dans quelques départements, tels que ceux de la Vienne, de l'Ain, etc., les hirondelles de cheminée bâtissent leurs nids dans les tuyaux des cheminées, mais dans celui de la Charente où l'étroitesse des tuyaux ne leur perme tpas d'entrer en volant, elles les appliquent aux chevrons des hangards et des appartements où elles peuvent pénétrer, quelquefois aussi elles les placent sous les entablements des maisons.

Le grand martinet habitant le centre des villes et les anciens édifices, plus sauvage que les hirondelles, voyageant sans cesse au haut des airs, établissant son nid à des élévations considérables et souvent inaccessibles, se tenant dans des trous de murailles et y élevant sa famille, ne peut être que dificilement observé; il faut le suivre dans sa marche rapide, assister à sa sortie et à sa rentrée dans son trou, le guetter, l'épier et ne l'abandonner qu'après avoir vu et revu bien des fois ce qu'on cherche à savoir.

« Ils volent par nécessité, dit Montbeillard, car
« d'eux-mêmes ils ne se posent pas à terre, et
« lorsqu'ils y tombent par quelque accident, ils ne se
« relèvent que très difficilement dans un terrain plat;
« à peine peuvent-ils en se trainant sur une petite
« motte, en grimpant sur une taupinière ou sur une
« pierre, prendre leurs avantages, assez pour mettre
« en jeu leurs longues ailes : c'est une suite de leur
« conformation; ils ont le tarse fort court, et lors-
« qu'ils sont posés, ce tarse porte à terre
« jusqu'au talon; de sorte qu'ils sont à peu près
« couchés sur le ventre, et que dans cette situation
« la longueur de leurs ailes devient pour eux un
« embarras plutôt qu'un avantage, et ne sert qu'à
« leur donner un balancement inutile de droite à
« gauche: si tout le terrain était uni et sans aucune
« inégalité, les plus légers des oiseaux deviendraient

« les plus pesants des reptiles ; et s'ils se trouvaient
« sur une surface dure et polie, ils seraient privés de
« tout mouvement progressif, tout changement de
« place leur serait interdit. » (1)

Spallanzani assure qu'ils parviennent à s'envoler
en frappant d'abord subitement la terre de leurs pieds
étendant leurs ailes et les battant l'une contre l'autre
ils se détachent du sol ; déjà ils peuvent décrire un
cercle bas et peu étendu, puis un second plus grand
et plus élevé, puis un troisième et les voilà devenus
maîtres de l'air. (2)

Désirant vérifier les faits rapportés par Montbeillard
et Spallanzani et connaître par quels moyens les
martinets peuvent se relever sur un terrain uni et
prendre le vol, nous en posâmes un, tantôt sur un
parquet ciré, tantôt sur le pavé d'un vestibule où il
restait immobile par crainte ou par apathie, mais
lorsque nous le forcions à s'avancer il se traînait sur
le ventre en donnant à son corps un mouvement de
droite et de gauche et élevait verticalement ses ailes
qui lui servaient de balancier et le tenaient en équilibre, le vol offrait moins de difficulté que la marche
et nous étions étonné de voir avec quelle promptitude
il prenait l'essor. Ses jambes courtes (3) dont le tarse
portait à terre faisaient l'office d'un ressort qui se
détend fortement et secondées par les ailes qui
frappaient au même instant le sol, elles élevaient le

---

(1) *Histoire naturelle des oiseaux* de Buffon, page 645, tome VI,
édition in-4°, de l'imprimerie royale, 1779.

(2) *Nouveau dictionnaire d'histoire naturelle*, page 421, tome 19,
édition in-8°, Déterville, Paris 1818.

(3) Longueur de la jambe du grand martinet noir prise sur un
squelette de notre musée.

Fémur 8 lignes . . . . 18 millimètres.
Tibia 10 lignes. . . . . 22 millimètres.
metatarse 8 lignes . . . . 18 millimètres.

corps assez haut pour que le vol s'exécuta sans peine (1); au moment du départ le déploiement de la queue fournissait un nouveau point d'appui et facilitait l'ascension. Le martinet ne faisait aucun circuit pour s'élever il allait droit devant lui. Arrivé au bout de sa course il s'accrochait à tous les objets sur lesquels il se posait et il fallait l'en arracher. Dans son vol précipité il se heurtait contre les vitres des croisées, tombait lourdement et restait immobile. Placé au pied d'un mur, il s'élevait verticalement à un pied, (33) centimètres de haut et retombait à la même place. Lorsque le martinet est renversé et jeté à terre il ne cherche point à s'envoler, il rampe et semble plutôt craindre qu'éviter celui qui veut le saisir. N'ayant point l'instinct d'échapper par une prompte fuite on a conclu que posé sur un terrain uni il n'avait aucune agilité et ne pouvait plus en partir. D'après la conformation de ses pattes dont les doigts sont à peu près de même longueur et crochus il peut facilement grimper à un mur qui offre quelques aspérités.

En parlant du vol presque continuel des hirondelles l'auteur de l'article martinet du dictionnaire universel d'histoire naturelle s'exprime ainsi : « Un exemple « plus frappant encore de la durée du vol chez ces « oiseaux est celui que fournit le martinet noir « d'Europe ; cette espèce qui se signale à l'attention « de tout le monde par les cris importuns qu'elle ne « cesse de pousser en tournant autour de quelque « édifice, demeure blottie dans son trou seulement « aux heures du jour où la température est la plus « élevée, hors ce temps qu'elle passe dans l'inaction « moins pour se reposer que pour se soustraire à la

---

(1) La jambe en se détendant élève le corps à plus de deux pouces, (58 à 60 millim.) le saut donne la même hauteur ce qui fait un espace de plus de quatre pouces (11 à 12 centim.) le martinet peut donc à cette élévation se mettre facilement au vol.

« grande chaleur, elle vague constamment le jour et
« la nuit au sein de l'atmosphère.

« Le fait des courses nocturnes du martinet noir
« est bien certainement un des plus curieux que
« présente l'histoire de ces oiseaux. Montbeillard en
« parle comme d'un phénomène qui s'observe au
« mois de juillet et quand les martinets touchent à
« l'époque de leur migration. Mais Spallanzani a vu
« et je l'ai constaté moi-même bien des fois que ce
« phénomène a lieu durant le temps que ces oiseaux
« passent parmi nous. Vers la fin du jour après qu'ils
« ont bien tourné selon leur coutume autour d'un
« clocher ou d'un autre édifice, on les voit s'élever à
« des hauteurs plus qu'ordinaires et toujours en
« poussant des cris aigus, divisés par petites bandes
« de quinze à vingt ils disparaissent bientôt totale-
« ment. Ce fait arrive régulièrement chaque soir,
« vingt minutes environ après le coucher du soleil et
« ce n'est que le lendemain lorsqu'il commence à
« reparaître à l'horizon qu'on voit les martinets des-
« cendre du haut des airs non plus par bandes mais
« dispersés çà et là. Avant la ponte les mâles et les
« femelles s'en vont chaque soir, mais lorsque les
« soins de l'incubation retiennent les femelles dans le
« nid les mâles seuls exécutent ces courses noc-
« turnes, Spallanzani dit même que lorsque l'édu-
« cation des jeunes est terminée les martinets se
« retirent dans les hautes montagnes où ils vivent
« jusqu'à leur départ d'Europe au sein des airs, sans
« jamais se poser sur aucun appui. » Il me semble
difficile dit l'auteur de cet article, de citer un oiseau
qui plus que celui-ci ait une durée de vol aussi
grande (1).

____

(1) *Dictionnaire universel d'histoire naturelle,* page 639, 11e
colonne, édition grand in-8°, Paris 1845.

La disparition totale des martinets pour passer la nuit à voler dans les airs et ne reparaître que le lendemain au lever du soleil est non-seulement invraisemblable mais doit être mise au nombre des contes les plus érronés et les plus absurdes, et si le fait des courses nocturnes des martinets est *un des plus curieux que présente l'histoire de ces oiseaux,* il est encore bien plus curieux de le rapporter sans l'avoir vu et d'invoquer l'autorité de Montbeillard qui dit : » Ils « vont sans doute passer la nuit dans les bois car on « sait qu'ils y nichent et qu'ils y chassent aux « insectes (1).

Doués d'un humérus très-gros et très-court d'un demi-pouce de longueur environ, (33 millimètres), muni de deux fortes tubérosités dont l'une supérieure et l'autre inférieure servent d'attache à des muscles volumineux, d'un cubitus et d'un radius qui ne dépassent pas huit lignes et demie (20 millimètres) et auxquels sont articulés un carpe et un métarcape d'un pouce et demi (42 millimètres) on ne sera pas surpris qu'avec une telle puissance les martinets aient un vol très-longtemps soutenu et franchissent avec tant de légéreté des distances considérables. La rapidité et la durée du vol est très-grande chez certains oiseaux. On connaît l'histoire du faucon de Henri II, qui s'étant emporté après une canne-petière (*Otis tetrax*) à Fontainebleau, fut pris le lendemain à Malte (2); celle du faucon des Canaries envoyé au duc de Lerme, qui revint d'Andalousie à l'île de Tenneriffe en seize heures; mais si la continuité du mouvement des oiseaux peut durer très-longtemps

---

(1) *Histoire naturelle des oiseaux* de Buffon, page 654, 655, tome VI, édition in-4° de l'imprimerie royale, 1779.

(2) *De vi motrice animalium,* Pietri Gassendi, tome 2, page 538, 2° colonne, in-folio, anno MDCLVIII.

ils ne sont pas infatigables, il leur faut comme à tous les êtres vivants, des temps de repos pour réparer leurs forces épuisées et les martinets malgré leur puissance musculaire pour le vol ne sont pas doués du mouvement perpétuel.

Les martinets quittent leur demeure à l'aube du jour et se dispersent çà et là pour chasser ; de six à sept heures ils se réunissent en troupes plus ou moins nombreuses et se poursuivent dans toutes les directions en faisant entendre des cris aigus. A midi ils se retirent dans leur trou pour se reposer jusqu'à deux heures et demie et recommencer ensuite leurs excursions ; vers le soir divisés en pelotons de vingt à trente ils se poursuivent en criant, ils s'élèvent et planent dans les airs, mais lorsque le crépuscule arrive et que le besoin du repos se fait sentir, des bandes nombreuses descendent vers leurs demeures , s'en rapprochent, rôdent autour, effleurent les murailles, s'en éloignent, et reviennent encore. La troupe qui vole à tire d'ailes en criant, qui se divise et se rallie à chaque instant, se précipite peu à peu dans ses trous et disparaît insensiblement. L'obscurité qui s'accroît, les cris qui s'affaiblissent à mesure que le nombre diminue ont fait croire que ces oiseaux s'éloignaient et s'élevaient de plus en plus dans les airs pour passer la nuit à voler et ne reparaître que le lendemain au lever du soleil.

Placé au pied du clocher de la cathédrale de Saint-Pierre-d'Angoulême, immobile et les yeux fixés sur cet édifice nous avions étudié bien des fois, pendant des heures entières les faits que nous avançons. En 1854, nous voulûmes nous assurer de nouveau de l'exactitude de nos observations et nous convaincre encore combien le sommeil et le repos sont nécessaires à ces oiseaux et combien aussi ils mettent de persévérance à se procurer un lieu de refuge pour y passer la nuit. Ce clocher avait été en partie démoli pour le reconstruire, la nouvelle maçonnerie était élevée de deux étages lorsque les martinets arrivèrent; les trous des vieilles murailles n'existaient plus, ils ne purent s'établir dans leurs antiques demeures, ils cherchèrent en vain un lieu plus convenable et qui leur présenta moins de difficultés. Malgré l'impossibilité de se loger ils ne renoncèrent point à leurs habitudes, pendant quelque temps il y eut chez eux plus d'inquiétude, la présence des ouvriers les rendait plus turbulents et plus criards, ils voltigeaient plus tard autour du clocher, ils se suspendaient aux murailles et cherchaient quelques interstices pour y pénétrer; mais n'en trouvant pas il reprenaient leur vol et recommençaient leur recherches. Enfin, pressés par le besoin du repos et après bien des hésitations une partie de la troupe finissait par se loger dans l'espace compris entre le mur des fenêtres et le fût des colonnes qui supportent les ceintres, cet espace d'environ trois à quatre pouces (8 à 11 centimètres) de profondeur leur permettait de se tenir accrochés perpendiculairement ; ils formaient un cordon noir très saillant sur le fond blanc de la nouvelle construction. Ceux qui n'avaient pu partager cette retraite se précipitaient dans les trous des murs des maisons voisines, aucune fente n'était oubliée, tout devenait la possession de ces oiseaux ; plusieurs couples vinrent s'établir dans un joint sous l'appui d'une croisée et dans des trous d'échaffaudage d'une maison voisine de la notre et donnant sur un vaste jardin. Pendant le mois de juin 1856, nous avons observé leur coucher dans les joints des murailles de l'antique église de Sainte-Radégonde; il était souvent retardé et troublé par une couvée de cresserelles

(Falco tinnunculus) qui avaient établi leur domicile dans les combles de la cathédrale de Poitiers et qui rôdaient de temps en temps dans l'espoir d'en capturer quelques-uns, le nombre des martinets était si considérable que l'air en était pour ainsi dire obscurci, tous rentraient insensiblement dans leurs trous *et pas un ne s'élevait dans les airs pour y passer la nuit à voler.*

Ces oiseaux ne redoutent pas la grande chaleur de nos étés et nous croyons que loin de les incommoder elle leur est indispensable ; ils sont plus animés, leurs cris sont plus forts et plus fréquents et leurs évolutions plus précipitées. Dans les jours les plus brûlants de juin et de juillet ils parcourent avec une extrême rapidité les sinuosités des rues, où ils planent dans les airs à de grandes hauteurs, et s'ils rentrent dans leurs trous depuis midi et demi jusqu'à deux heures et demie c'est afin de se reposer : mais lorsqu'ils sont occupés de leurs couvées, l'inaction se prolonge d'avantage, ils rentrent à dix heures du matin pour ne sortir qu'à trois ou quatre heures du tantôt, ce qui prouve que la chaleur n'influe en rien sur la durée de leur repos. La température du mois de juin 1854 fut très-variable; les martinets n'éprouvèrent aucun changement dans leurs habitudes, ils exécutèrent leur rentrée et leur sortie comme à l'ordinaire. Ils supportent très-bien la chaleur, mais ils sont très-sensibles au moindre froid et dès que les jours commencent à diminuer et que la fraîcheur du matin et du soir se fait sentir, ils disparaissent et nous quittent jusqu'à l'été suivant. Le 20 juin 1855, fut très-froid pour la saison, le vent souffla plein nord et le thermomètre de Réaumur ne s'éleva qu'à 8 degrés et demi à neuf heures, et à 12 degrés à midi ; le lendemain à quatre heures du matin il n'indiquait que 7 degrés et dans la journée il ne dépassa pas 12. Pendant ces deux jours les martinets ne se montrèrent pas, on les aurait cru partis, enfin, le troisième jour étant moins froid et la faim les forçant à sortir ils se mirent en campagne le tantôt ; leur vol était très-bas pour saisir les insectes que le froid avait forcés de se tenir près de terre.

« Peu de temps après que les martinets ont pris
« possession d'un nid il en sort continuellement pen-
« dant plusieurs jours et quelquefois la nuit des cris
« plaintifs ; dans certains moments on croît distin-
« guer deux voix, est-ce une expression de plaisir
« commune au mâle et à la femelle, est-ce un chant
« d'amour par lequel la femelle invite le mâle à venir
« remplir les vues de la nature ? » (1)

Nous ne parlerons pas de ces cris plaintifs, nous ne les avons pas entendus ; nous ne dirons pas qu'ils sont des chants d'amour, nous l'ignorons ; mais nous pensons que c'est une expression de plaisir commune au mâle et à la femelle, de tous les oiseaux lorsqu'ils sont réunis. Les petits oiseaux de volière font entendre le soir à leur coucher un gazouillement semblable, on l'observe aussi chez les oiseaux de basse cour, chacun s'assujetit, s'arrange de son mieux près de son voisin, caquette à demi voix pendant quelques instants et cesse enfin en mettant sa tête sous son aile.

« On a pensé que l'accouplement des martinets se
« faisait dans le nid, parce qu'on a vu assez souvent
« trois ou quatre martinets voltiger autour du trou
« et même étendre les griffes pour s'accrocher à la
« muraille. » (2)

---

(1) *Histoire naturelle des oiseaux* de Buffon, page 623, tome VI, édition in-4° de l'imprimerie royale, 1779.

(2) *Histoire naturelle des oiseaux* de Buffon, page 65, tome VI, édition in-4°, de l'imprimerie royale, 1779.

· L'accouplement des martinets comme celui des hirondelles s'accomplit hors du nid ; ils volent le matin autour de leur trou, leurs évolutions sont plus nombreuses et plus agitées, leurs cris plus aigus et plus répétés ; ils se poursuivent avec une rapidité extraordinaire, ils passent et repassent sans cesse et se croisent dans tous les sens, quelques femelles s'accrochent aux parois des murs, les mâles qui les recherchent s'élancent sur elles, s'y tiennent accrochés, se joignent et tous les deux ne se séparent qu'après être tombés en volant à une certaine distance.

« On les soupçonne avec beaucoup de vraisemblance
« de s'emparer quelquefois des nids des moineaux,
« mais quant à leur tour ils trouvent les moineaux
« en possession du leur, ils viennent à bout de se le
« faire rendre sans beaucoup de bruit. » (1).

Nous n'avons jamais vu les moineaux s'emparer des nids des martinets mais nous avons vu plusieurs fois ces derniers attaquer et prendre de vive force l'habitation des moineaux. Il y a quelques années nous fûmes témoin d'un siége mémorable : un couple de moineaux avait établi son domicile dans une cavité de quatre à cinq pouces de diamètre (10 à 13 centimètres), des martinets cherchèrent à s'en rendre maîtres et furent repoussés chaque fois qu'ils se présentaient, un cri d'alarme était donné et aussitôt plusieurs moineaux du voisinage accouraient et placés à l'entrée de la demeure ou sur les toits, ils s'élançaient contre les assaillants qui ne se rebutaient pas et revenaient sans cesse à la charge ; les martinets livrèrent un combat à outrance aux moineaux, qui défendaient leur progéniture et leur nid, ils s'introduisirent dans le trou, ils en furent chassés une seconde

____

(1). *Histoire naturelle des oiseaux*, de Buffon, page 648, tome VI, édition in-4° de l'imprimerie royale, 1779.

fois et dans le fort de la mêlée ils entraînèrent avec leurs griffes le nid et les jeunes moineaux qui trou-vèrent la mort au pied du mur qui les avait vu naître. Les moineaux privé de leur postérité délogèrent et allèrent s'établir plus loin pour recommencer une nouvelle couvée. Tout n'était pas terminé pour ce trou tant désiré et si chèrement acheté ; d'autres martinets déclarèrent la guerre aux premiers usurpateurs, plus d'un assaut fut livré et plus d'une fois aussi, assiégés et assiégeants accrochés par le bec et par les pattes tombèrent comme des masses dans la rue et devin--rent la proie de celui qui voulut s'en emparer ; ils étaient tellement acharnés les uns contre les autres qu'ils se laissaient prendre sans difficulté, il fallait les séparer de vive force et plutôt que de lâcher prise ils arrachaient les plumes et la peau qu'ils avaient sai-sies avec leurs griffes ; l'assaut était donné le matin de huit à neuf heures et le soir de six à huit.

Guenaud de Montbeillard, avait observé dans plusieurs nids de martinets à peu près les mêmes « matériaux et des matériaux de toute espèce, en un « mot tout ce qui peut se trouver dans les balayures « des villes, il pensait d'après ce que lui avaient « dit quelques gens, que ces matériaux venaient des « nids des moineaux et des nids d'hirondelles, parce « que l'on sait que les martinets entrent dans les « nids des petits oiseaux et qu'ils ne se font pas faute « de les piller quand ils ont besoin de maté-« riaux. » (1)

Les martinets s'emparent des nids des moineaux non pas pour en enlever les matériaux mais pour s'y établir. Lorsqu'ils sont repousés, ils entraînent tous les objets auxquels ils se cramponnent, il n'est donc pas

______

(1) *Histoire naturelle des oiseaux* de Buffon, page 649-650, tome VI, édition in-4° de l'imprimerie royale, 1779.

étonnant qu'on en ait vu quelques-uns emporter de l'herbe, de la mousse, des plumes, etc., et qu'on en ait conclu qu'ils se servaient de ce moyen pour composer leur nid. Ce ne sont point ces matériaux qu'ils convoitent, c'est plutôt le trou ou la crevasse du mur. Prenant assez facilement le vol lorsqu'ils sont à terre, ils pourraient trouver dans la campagne et partout ailleurs, les plumes, les herbes, les laines, les étoffes légères dont ils se serviraient pour composer leur nid ; ils ne s'en mettent pas en peine, car il n'en font pas ; des ouvriers qui réparaient au mois de juin 1863, la tour de Lusignan de l'ancien château d'Angoulême, capturèrent une grande quantité de martinets et leurs œufs, ils nous en apportèrent et nous assurèrent qu'ils les avaient trouvés à nu sur la pierre et sans aucun vestige de nid : ce qui est très-vraisemblable parce que les joints des pierres qu'ils habitent n'ont pas assez de hauteur pour leur permettre d'élever un nid et qu'eux mêmes sont forcés de se tenir sur le ventre comme si ils rampaient. Leurs œufs qu'on a représentés comme ayant une coquille très-fragile (1) l'ont au contraire assez épaisse pour résister aux divers chocs qu'ils éprouvent pendant l'incubation.

La ponte de ces oiseaux est communément de quatre œufs d'un blanc pur et sans taches, pointus, et de forme allongée.

Grand diamètre 10 à 11 lignes. . . . . . 24 à 25 millimètres.
Petit diamètre 7 à 7 1/2 lignes. . . . . 17 à 18 millimètres.

Les martinets n'ont pas toujours le vol élevé, à certaines heures de la journée et le matin surtout par des temps brumeux, ils rasent la terre pour saisir les insectes rapprochés du sol ; nous les avons vus mêlés

---

(1) *Nouveau dictionnaire d'histoire naturelle*, page 426, tome 19 édition in-8°, Déterville, Paris 1818.

aux hirondelles faisant la chasse et effleurant la terre comme elles.

Un changement dans leurs habitudes annonce leur prochain départ, dans les derniers jours de juillet, ils ne se réunissent plus en troupes nombreuses, ils sont plus divisés et plus taciturnes, ils volent et planent séparément çà et là, ils n'attendent qu'un vent favorable pour émigrer ; mais aussitôt qu'une brise nord-ouest, commence à fraîchir, ils en profitent et on est tout étonné de ne plus les voir, une nuit a suffi pour les faire disparaître et leur faire abandonner le pays.

Le martinet noir adulte a la gorge d'un blanc cendré, le reste du plumage noirâtre avec des reflets verts ; la teinte du dos et les couvertures inférieures de la queue plus foncée, le bec noir ; un bouquet de plumes noires roides et ciliées placé en avant de l'œil pour le protéger et faciliter la vision ou servir d'organe de tact et donner avis de l'approche des corps; les tarses couverts de petites plumes noirâtres.

Le jeune a la gorge blanche, le sinciput et le lorum garnis de plumes noirâtres bordées d'un liseré gris cendré ; les plumes du reste de la tête, d'une partie du cou et de la poitrine nuancées de gris clair à peine visible, les tectrices frangées de gris clair sur le bord des barbes supérieures et à l'extrémité des inférieures ; les remiges entièrement noires, les plumes du bord inférieur du métacarpe d'un gris plus prononcé, formant comme une rangée de petites écailles grises blanches et noires.

L'hirondelle de fenêtre, *Chelidon urbica*, a beaucoup de rapport avec le grand martinet, comme lui elle a les pieds emplumés, elle rentre dans son nid pour s'y reposer une partie de la journée et lorsque l'éducation de la jeune famille est terminée elle vole à une grande élévation, en décrivant des cercles sans nombre, ou en planant et en faisant entendre quelques. petits cris assez rares ; elle est sensible au froid, et dans les matinées de septembre elle se place au soleil, pour se réchauffer, elle est quelquefois couverte de l'*Hornythomia hirundinis*; nous en prîmes une sur laquelle elle était en si grande abondance que sa peau était maculée de petits points rouges et qu'elle ne pouvait voler.

Les ornithologistes qui ont écrit l'histoire des hirondelles sont unanimes sur l'époque de l'arrivée de ces oiseaux dans nos climats ; mais, de nos jours, quelques personnes qui prétendent avoir fait des observations sur leurs migrations sont si éloignées de la vérité que je crois devoir faire connaître le résultat de près de trente années d'études dans les départements de la Charente et de la Vienne.

ARRIVÉE.

Hirondelle de cheminée *(Hirundo rustica)*. .	28 Mars au 1er Avril.
Hirondelle de rivage *(Cotyle riparia)*.	28 Mars au 1er Avril.
Hirondelle de fenêtre *(Chelidon urbica)*.. . .	20 au 30 Avril.
Grand Martinet *(Cypselus apus)*.	30 Avril au 1er Mai.

DÉPART.

Hirondelle de cheminée *(Hirundo rustica)*. . .	15 au 20 octobre.
Hirondelle de rivage *(Cotyle riparia)*.	15 au 20 octobre.
Hirondelle de fenêtre *(Chelidon urbica)*. . . .	15 octobre, quelquefois plus tard.
Grand Martinet *(Cypselus apus)*..	1er au 2 Août.

Depuis quelques années les hirondelles de cheminée n'arrivent que le six ou le huit avril. Cette année 1865, les martinets ont paru le seize avril; et presque à la fin de juillet ils ont formé deux divisions dont la première, la plus nombreuse est partie du vingt-deux au vingt-trois et la seconde a disparu le premier août.

10 août 1865.

COMPTE-RENDU GÉNÉRAL

DU PREMIER SEMESTRE DE 1866.

COMPTE-RENDU GÉNÉRAL

Du 1er Semestre de 1866,

PRÉSENTÉ PAR M. FARNE, SECRÉTAIRE-GÉNÉRAL,

A l'Assemblée générale du 28 Juin 1866.

MESSIEURS,

Mes premières paroles, aujourd'hui, doivent être des paroles de remerciement. Arrivé depuis peu au milieu de vous, j'étais loin de m'attendre à la haute distinction que vous avez bien voulu m'accorder. Aussi ferai-je tous mes efforts pour la mériter et être à la hauteur du poste important que vous me confiez.

Succédant à M. le Dr GYOUX, il me sera difficile de vous faire de ces comptes-rendus clairs et élégants auxquels vous êtes habitués, accordez-moi toute votre indulgence.

Vous allez entendre le rapport de la Commission des prix ; la séance devant être un peu longue, je serai aussi bref que possible.

I. Situation financière au 30 Juin 1866.

Compte présenté par M. TEXIER, Secrétaire :

Recettes.

	fr.	c.
Reliquat du 2e Semestre 1865......	301	85
Arriérés............................	156	»
Annuités de 1866...................	150	»
Recettes diverses..................	17	35
	625	20

Dépenses.

Loyer des appartements...............	75	»
Frais de poste.....................	16	»
Impressions	300	»
Ameublement......................	65	»
Bibliothèque......................	80	»
Dépenses diverses..................	45	55
	581	55
Reste en caisse.............	43	65

II. Personnel.

La Commission administrative nommée pour 3 ans a vu expirer ses pouvoirs le 31 Décembre 1865 ; l'Assemblée générale a procédé à son élection le 28 Décembre 1865. La composition actuelle de la Commission a été publiée dans le Bulletin de 1865.

Nomination des Présidents et Secrétaires de Sections.

Les Présidents et Secrétaires de Sections ont été élus, d'après le Réglement, au commencement de l'année 1866.

Dans la Section historique, l'élection a eu lieu le 4 Janvier. M. Lacour a été élu Président, et M. Ferdinand Bonnet, gradué en droit, Secrétaire.

Dans la Section scientifique, M. Gyoux a été élu Président, et M. Farne, Secrétaire, dans la séance du 1er Février.

Démissions du Secrétaire-Général et du Trésorier.

M. le Dr Gyoux, nommé Président de la Section scientifique, s'est démis de ses fonctions de Secrétaire-Général.

M. Mouton, tout en restant Membre titulaire, s'est également démis de ses fonctions de Trésorier, que ses nombreuses occupations ne lui permettent pas de remplir.

Ces deux démissions ont été acceptées dans l'Assemblée générale du 29 Mars dernier, et on a procédé à leurs remplacements.

M. FARNE a été élu Secrétaire-Général, et M. Ernest TEXIER, Trésorier.

La nomination de M. FARNE ayant laissé vacante la place de Secrétaire de la Section scientifique, M. le Dr JOUSLAIN a été nommé à l'unanimité le 3 Avril.

Démissions de Membres titulaires.

M. AUDOUIN, Membre titulaire, a donné sa démission, qui a été acceptée dans la séance générale du 29 Mars. M. TONDEUR, Membre correspondant, est décédé.

M. MOREAU (Alfred), à Poitiers, démissionnaire.

Dans la même séance, on a accepté les candidatures suivantes :

Membres titulaires.

M. le Dr JOUSLAIN, de Saint-Jean-d'Angély.

M. DOUSSIN, ancien Membre, et qui a demandé de nouveau son admission.

M. HILLAIRET, de Chez-Bardon, commune d'Aumagne.

M. H. DE HEURTAUMONT, de Saint-Jean-d'Angely.

M. LASALLE (Paul), du Chateau-de-Presle.

M. CAILLAUX (Eugène) d'Aumagne.

Membres correspondants.

M. JOUSSE, missionnaire au cap de Bonne-Espérance, présenté par MM. VORREAUX et PINATEL.

M. Deschamps, instituteur, présenté par M. Lemarié.

M. Breuil, Membre titulaire, aujourd'hui à Paris, et qui demande à devenir Membre correspondant.

M. Desjardin, professeur à l'École vétérinaire de Toulouse, présenté par M. Lemarié.

M. Badin (Adolphe) homme de lettres aux Goblins, présenté par M. Jouslain.

M. Levrier de Vitré (Gabriel), démissionnaire.

III. — Correspondance.

La correspondance contient :

1° Une circulaire du Congrès des Sociétés savantes du département, qui autorise notre Société à se faire représenter par six délégués. Le Bureau a immédiatement désigné les six Membres suivants, tous résidants à Paris, ce sont :

> MM. Roy-de Loulay ;
> Le Comte Lemercier ;
> De la Morinnerie ;
> Levallois ;
> Sanson ;
> Le Dr Labarraque.

Sur ces six Membres, cinq ont assisté régulièrement aux séances, ainsi que l'attestent les lettres de remerciements qu'ils nous ont adressées. M. Levallois, absent de Paris à cette époque, n'a pu y prendre part. Je voulais vous mettre sous les yeux les lettres qu'ils nous ont envoyées et surtout la gracieuse lettre du Dr Labarraque qui, malgré ses nombreuses occupations, nous fait espérer une analyse des principales questions qui ont été traitées ; mais le désordre occasionné par notre déménagement ne me permet pas de le faire pour le moment.

2° Une lettre de remercîment de M. Adrien GABORIT, Membre correspondant.

3° Une lettre de M. ROUFFINEAU, pasteur à Saintes, qui nous remercie de sa nomination comme Membre correspondant. Il nous envoie en même temps la liste de quelques plantes rares dans le département, et trouvées par lui dans ses excursions, ce sont :

A Saint-Savinien, *Salvia pratensis* à fleurs blanches, et *Ruta graveolens*, si rare dans nos contrées.

Dans la garenne de Mornac, près des marais salants, un beau pied de *Calluna vulgaris*, (Salesb.) à fleurs d'un blanc pur...

Et dans la commune de Saint-Vaize, près Taillebourg, l'*Artemisia camphorata*.

4° Une lettre de M. JOUSSE, missionnaire au cap de Bonne-Espérance ; elle exprime trop de sympathie pour notre Société, et elle nous fait espérer des renseignements trop intéressants pour que je ne la cite pas textuellement. La voici :

Paris, 25 Avril 1866.

A Monsieur le Président de la Société Historique et Scientifique de Saint-Jean-d'Angély.

MONSIEUR,

J'ai été touché, humilié presque de l'honneur que vous m'avez fait de m'admettre comme Membre correspondant de l'honorable Société dont vous êtes le Président. Si, comme je l'espère, je puis revoir bientôt cette terre d'Afrique qui est devenue pour moi comme une seconde patrie, j'essaierai de répondre à l'insigne honneur dont j'ai été l'objet, en vous envoyant de temps à autre des communications sur les tribus au milieu desquelles j'ai exercé pendant 13 ans un ministère de paix et d'amour...!

En attendant, je vous prie, Monsieur le Président, de vouloir bien accepter pour votre musée quelques-unes de nos publications, dans la langue du pays que nous évangélisons, et un numéro d'un journal qui se publie dans l'une de nos stations. Pour comprendre l'importance de telles publications, il importe de savoir qu'il y a 30 ans, la lecture et l'écriture étaient complétement inconnues dans le pays.

Le volume que je vous envoie est une histoire de la Bible à l'usage des écoles et dont je suis l'auteur. La petite brochure est un catéchisme biblique. Le journal a pour titre : *La petite lumière du Bassouto*, traduction littérale de : *Leselinyana la Bassouto*.

Veuillez agréer, Monsieur le Président, l'assurance de ma considération la plus distinguée et de mon dévouement le plus cordial.

THÉOPHILE JOUSSE,

Missionnaire de Thaba-Bossion (Afrique-Méridionale).

Passy, 21, rue Franklin.

5° Une lettre de M. GÉRARD, naturaliste à Cognac, dans laquelle il propose à la Société l'achat d'une collection d'oiseaux à des conditions avantageuses, mais votre Bureau n'a pas cru devoir accepter.

IV. Bulletin annuel.

Je n'ai rien à dire du Bulletin annuel qui, par un oubli involontaire, n'a pu être distribué que depuis quelques jours.

V. Excursion.

L'excursion annuelle, favorisée par un temps magnifique, a été très-intéressante. Le compte-rendu, fait par notre Président, M. DE LAJALLET, sera lu dans la séance générale de Décembre.

VI. Intérieur.

M. DE LA JALLET, occupant pour la première fois le fauteuil de la présidence a prononcé, à l'ouverture de cette séance, les paroles suivantes, qui ont été vivement applaudies :

« MESSIEURS,

« En prenant place pour la première fois au fauteuil devenu vacant par l'absence de M. BÉRARD, et où votre bienveillance m'a appelé, permettez-moi d'adresser à notre bien-aimé collègue, tant en mon nom qu'au nom de la Société, avec l'expression, de nos regrets, l'hommage de notre reconnaissance durable.

« Nous n'oublierons jamais que c'est à son initiative éclairée que nous devons la fondation de notre Société ; que c'est sa prudente et intelligente direction qui en a provoqué et assuré le succès.

« Qui de vous, Messieurs, n'était frappé de cette grande autorité de savoir, à laquelle il était si facile de se soumettre, parce qu'elle s'abritait sous une modestie non moins grande, et était tempérée par une bienveillance sans bornes, rehaussée d'une impartialité inaltérable qui ne se démentit jamais.

« Tous ces services, tous ces mérites, dont nous avons consacré le souvenir en conservant à M. BÉRARD le titre de Président honoraire, m'imposent une tâche dont j'aurais décliné l'honneur, si je n'avais tenu moins compte de mes forces que de mon attachement à la Société.

« Oui, Messieurs, je l'aime, notre Société, parce qu'elle établit entre nous des rapports de bonne confraternité, où le cœur trouve son compte, et particulièrement le mien.

« Je l'aime, parce qu'elle a un but utile et moral, et qu'elle répond aux aspirations de calme et de recueillement dont on a si souvent besoin.

« Je l'aime, surtout parce qu'après les agitations fiévreuses de la politique qui remuent si profondément le pays, au milieu des mille tracasseries du monde, qui jettent le trouble dans la vie et la division entre les hommes, c'est une jouissance bien appréciable de nous trouver réunis sous la même bannière, la bannière pacifique de l'étude.

« Ici, pas de ces aspirations égoïstes et ambitieuses qui obscurcissent les intelligences les plus brillantes, et les détournent des belles voies de la droiture pour les jeter dans les sentiers obscurs et boueux de l'intrigue.

« Nos luttes ne sont que des joutes courtoises de l'esprit, qui ne versent au cœur aucune amertume, et le laissent exempt de toute rancune.

« Aussi pouvons-nous, après le combat, venir, comme les bergers de VIRGILE, nous reposer sous le même ombrage, et partager amicalement dans une agape fraternelle le lait et le miel de l'intelligence.

« Je vous convie avec instance, mes chers Collègues, à ces festins périodiques, et il faut espérer qu'avec les riches pourvoyeurs dont la Société s'honore, le miel et le lait ne feront pas défaut aux appétits les plus voraces.

« C'est à la jeunesse surtout que mon appel s'adresse : qu'elle vienne ici prendre le goût de l'étude et du travail.

« L'étude et le travail sont presque synonymes de succès. N'en avons-nous pas pour exemple la victoire remportée dans une célèbre Académie par un de nos jeunes compatriotes, que nous sommes fiers de compter au nombre de nos Associés; et dont l'absence me permet de parler plus librement que je ne pourrais le faire d'autres Collègues dont je veux ménager la modestie?

« A l'âge où le mirage fascinateur de toutes les séductions attire ordinairement la jeunesse dans les voies de la dissipation, il a puisé dans l'amour du travail la force de résister à tous ces entraînements, et l'énergie nécessaire pour préférer aux vains succès de la frivolité une couronne académique qui a déjà attiré sur son nom l'attention publique.

« Que cet exemple, et d'autres que je passe sous silence, soient un encouragement pour la jeune phalange que n'effraie pas l'aridité apparente de nos travaux.

« Tous, sans doute, ne peuvent prétendre à la couronne du triomphe, le *non licet omnibus* est une loi inflexible; mais ce que je puis assurer à tous, ce sont des jouissances vraies et durables qui entoureront leur jeunesse de considération et préserveront de l'ennui les années de l'âge mûr et de la vieillesse.

« Voici les fruits précieux du travail, heureux ceux qui se préparent à les récolter!

« Que ces quelques conseils de mon expérience ne soient pas perdus; qu'ils soient reçus avec une confiance égale au dévouement qui me les dicta, et j'aurai la plus grande consolation à laquelle je puis aspirer; c'est que mon passage dans la Société n'aura pas été stérile. »

TRAVAUX DES SECTIONS.

SECTION HISTORIQUE.

COMPTE - RENDU

Présenté par M. F. BONNET, Secrétaire

MESSIEURS ,

Pour satisfaire au Réglement de notre Société, je viens, aujourd'hui, vous fournir le Compte-Rendu semestriel des travaux de ma Section. Il sera loin d'être brillant; mais, en revanche, il sera sincère et attestera mon dévoûment aux intérêts de la Société.

Les travaux dont j'ai à vous entretenir forment la matière de deux semestres et sont, pour la plupart, importants ; aussi est-ce, pour moi, un vérirable regret que de ne point avoir assisté aux séances dans lesquelles ils ont été communiqués et de ne les connaître que par les procès-verbaux qui en ont été dressés. J'aurais pu, en effet, mieux instruit, vous en faire une analyse plus complète et plus digne.

Dans la séance du 6 juillet, il a été, Messieurs, donné lecture d'un manuscrit émané de notre savant et illustre collègue, M. Th. PHÉLIPPOT, de l'île de Ré, dans lequel il est fait l'historique de l'ancienne Viguerie de la Benative ou Benatière et mention, avec tous leurs titres, des seigneurs qui, depuis plusieurs siècles, ont habité ou possédé ce domaine. Ce travail, qui a déjà été publié dans notre Bulletin, vous est connu et n'a pas besoin d'être plus longuement

détaillé pour que vous puissiez en apprécier le mérite
et pour que j'ose me permettre d'en offrir ici, à l'auteur, nos sincères remercîments.

Dans la séance du 2 novembre, M. BRILLOUIN aîné
donne lecture d'une partie de ses mémoires sur M. le
comte REGNAULT. Cet ouvrage ne m'est pas personnellement connu, seulement je sais qu'il est important ; aussi, si je ne puis en donner le détail,
m'empressé-je du moins de joindre mes vœux à ceux
de la Société pour prier l'auteur de le terminer.

Il a été aussi donné communication, dans cette
séance, d'une partie du mémoire de M. DE ROCHEBRUNE
fils, sur ses impressions de voyage en Limousin et sur
les objets qu'il y a recueillis. Ce travail attrayant ayant
été analysé par M. FARNE, Secrétaire de la Section
scientifique, dans son dernier Compte-Rendu, je n'ai
par suite à m'occuper que des objets qui y sont
mentionnés. Ces objets, envoyés à la Société, sont
des silex taillés de toute espèce, restes d'une ancienne
civilisation gauloise. Il résulte de la conférence qui a
eu lieu parmi les Membres de la séance, à leur occasion, qu'ils ne sont point antérieurs au déluge universel, mais bien d'une époque postérieure qu'on ne
peut irrévocablement fixer et à laquelle on voit les
menhirs et les dolmens. Il résulte également de cette
conférence que les études auxquelles on s'est livré, à
ce sujet, depuis plusieurs années, loin de contredire,
comme quelques-uns l'avaient pensé, le livre de MOÏSE,
elles viennent au contraire à son appui.

Dans la séance du 5 janvier, il est procédé à l'élection d'un Secrétaire et d'un Président pour la Section
historique et à la lecture de l'ouvrage de M. le Dʳ
GYOUX, sur les tours. Cet intéressant mémoire, présenté au Congrès médical de Bordeaux de 1865,
est divisé en plusieurs parties dont l'une traite

spécialement de l'histoire des tours. Il a été expliqué avec cette parole claire, précise et éloquente qu'on se plaît à entendre et qui caractérise si bien le talent de notre docte et illustre collègue. Nous croyons être ici l'interprète des sentiments de la Société en adressant à M. GYOUX des félicitations et des remerciments sincères.

Dans la séance du 1ᵉʳ mars, M. LACOUR, notre Président, donne lecture du commencement de son travail inachevé, intitulé : *Notice sur Aulnay*, et dans lequel il est parlé des descendants des Cadelons, et communique différentes lettres par lesquelles plusieurs Membres de la Société remercient celle-ci de leur admission.

Dans cette séance, il est également donné communication d'un manuscrit de M. AUDIAT, de Saintes, ayant pour titre : *La Fronde en Saintonge*, adressé, par son auteur, à la Société. Cet ouvrage est parfaitement fait : l'auteur y dépeint, avec beaucoup de talent, la naissance de la révolte, appelée Fronde, en Saintonge, ses progrès, la guerre qui en a été la suite et la conséquence, la disette, les maladies et la diminution de la population, et les causes de tous ces maux. M. AUDIAT n'en est pas, du reste, à son coup d'essai, et nous le savions déjà écrivain distingué, et d'un grand mérite ; aussi croirais-je manquer à mon devoir si je ne lui adressais, avec nos remerciments, nos félicitations les plus sincères.

Enfin dans la séance du 3 mai, M. GYOUX a donné lecture de l'analyse d'un travail de M. LAPAUME, intitulé : *Danger d'une méthode uniforme dans l'enseignement des langues*, et M. LACOUR, de la suite de sa notice sur Aulnay et la famille des Cadelons. Le défaut de renseignements ne me permet pas de donner de détails sur ces ouvrages. Je le regrette, car ils sont assurément importants et dignes du mérite incontestable des précédents écrits de leurs auteurs.

Tels sont, Messieurs, les travaux dont j'avais à vous rendre compte. S'il est vrai que le résultat en est satisfaisant, il n'est pas moins vrai qu'il est un encouragement pour l'avenir : espérons donc qu'au semestre prochain, il sera fait preuve d'une nouvelle ardeur de zèle et que j'aurai à vous faire part de communications plus considérables.

SECTION SCIENTIFIQUE.

COMPTE - RENDU

Présenté par M. JOUSLAIN, Secrétaire.

MESSIEURS,

Avant de lire le compte-rendu des séances précédentes, permettez-moi de vous remercier de l'honneur que vous m'avez fait en me nommant Secrétaire de la Section scientifique de votre Société. J'ai accepté ce mandat comptant d'avance sur votre bienveillance. J'ai voulu, comme vous, favoriser de mon mieux l'*Association*, au point de vue intellectuel. A défaut du reste, vous me tiendrez compte de ma bonne volonté.

Voici le semestre d'hiver terminé. La Société Scientifique a tenu ses trois séances régulières.

La séance du 1ᵉʳ février et celle du 5 avril n'ont guère été occupées que par des nominations dans la Commission administrative. Du reste, je n'ai pas assisté à ces séances. Je n'avais pas encore l'honneur de faire partie de votre Société ; il me serait difficile d'en résumer les débats autrement qu'en rappelant les communications principales faites au procès-verbal.

Dans la séance du 5 avril, M. le D' Gyoux a présenté deux ouvrages importants de Membres correspondants de notre Société. L'un est la faune ornithologique du département de la Charente-Inférieure, par M. le D' Sabatier ; l'autre, un mémoire de M. Philibert Lalande, sur les monuments préhistoriques de la Corrèze. L'insertion de ces travaux intéressants est demandée et attendue au Bulletin annuel.

La séance du 7 juin est signalée par une enquête intéressante sur la maladie régnant cette année sur les jambons M. le D' Gyoux et M. Farne, pharmacien, se sont occupés spécialement de cette question. Je ne puis mieux faire que de citer *in extenso* le rapport de M. Farne, lu dans cette séance :

Messieurs ,

Il y a un mois à peine, le *Journal de St-Jean-d'Angély* annonçait qu'une grande partie des jambons des communes de Macqueville, Ballans, Louzignac, Brie-sous-Matha s'étaient décomposés spontanément. Cette altération extraordinaire émut profondément l'opinion publique, et une certaine quantité de jambon malade fut adressée à notre Société par M. Cognac, instituteur, avec prière de l'examiner, et d'indiquer si les trichines ne seraient pas pour quelque chose dans cette décomposition.

Voici les renseignements que nous transmet M. Cognac sur cette affection :

« La maladie se déclare ordinairement dans la viande qui entoure le jarret ; on la reconnaît à la simple pression des doigts sur cette partie, qui est toujours molle et flasque ; si à ce signe infaillible on enlève ce qui est mou, on a sous les yeux une viande de couleur noire, d'un goût désagréable et d'une odeur forte. J'ajouterai à cela que, d'après plusieurs personnes, il s'échappe souvent à la pression un liquide coloré et d'une odeur très-prononcée.

« Cette maladie n'est pas générale et ne s'est pas produite chez tous les propriétaires ; sur 190 jambons, dans la commune de Brie-sous-Matha, 76 seulement ont été enfouis. La viande de ceux qui n'ont pas été atteints est molle, d'une couleur vive, presque insipide et inodore.

« Depuis, plusieurs autres communes ont été atteintes, et partout les caractères observés sont identiques, quelques-uns pourtant ayant subi quelques préparations dont nous parlerons plus loin, se sont conservés intacts. »

Ces renseignements, sans nous éclairer complétement, nous ont porté à penser que l'on devait mettre de côté la question des trichines, et en effet, à l'examen microscopique auquel nous nous sommes livrés, M. le Dʳ Gyoux et moi, il nous a été impossible de constater la présence de ces terribles helminthes qui ont causé tant de ravages dans différentes contrées de l'Allemagne.

Pour nous, cette altération doit être attribuée à une décomposition putride. Est-elle causée par une salaison insuffisante ? Nous ne pouvons l'affirmer, mais cependant nous le croyons. La pratique enseigne, en effet, que l'époque la plus convenable pour la préparation des jambons est l'hiver, par un temps froid et sec. Or, cette année, les temps froids et secs nous ont fait complétement défaut ; de plus, dans les jambons qui n'ont pas été atteints et qui ont conservé leur goût ordinaire, nous avons cru constater que ce sont précisément ceux qui ont été arrosés, soit avec de l'alcool, soit avec des vins fortement chargés de principes aromatiques, toutes substances conservatrices et antiputrides.

Nous ne pouvons donc pas ajouter de conclusion, cette question ayant besoin d'une étude plus prolongée et plus sérieuse ; mais elle peut découler des quelques observations signalées.

Quant à cette question des trichines, il est peut-être utile d'en dire quelques mots. Elle a déjà été traitée très-longuement par des hommes spéciaux, et elle a eu pour résultat d'effrayer vivement l'opinion publique. Je ne veux pas dire que c'est un tort, mais je crois pourtant qu'il est bon de s'élever contre notre tendance à tout exagérer.

J'extrais donc d'une brochure de M. PIETRA SANTA, médecin par quartier de l'Empereur, quelques détails sur ce petit être dont on soupçonnait à peine l'existence il y a quelques années :

« La trichine se rencontre accidentellement dans les muscles de certains animaux, tels que le porc et le chien, principalement lorsqu'ils ont été amaigris par de longues privations. Elle y existe à l'état de larve. Cette larve est enfermée dans une vésicule blanchâtre et transparente, appelée aussi kiste, d'une forme ordinairement elliptique. Le ver occupe la partie centrale, et se replie sur lui-même en formant une spirale plus ou moins régulière : sa longueur est alors de 8 dixièmes de millimètres à 1 millimètre.

« Sa vie est très-ténace, car la trichine résiste à l'ossification partielle du kiste, à la putréfaction ; elle continue à vivre dans les viandes salées, desséchées et fumées ou chauffées à une température de 25 degrés, *mais elle meurt immédiatement si la température est supérieure à 75 degrés.*

« Pour qu'elle se développe, il faut qu'elle soit ingérée par un autre animal ; quelques heures après son ingestion, la trichine termine sa métamorphose, elle sort de son enveloppe, sous forme de petits vers blanchâtres qui se fixent dans la cavité du duodénum.

« C'est dans l'intestin grêle qu'ils se multiplient et se reproduisent. Au moment de l'ingestion, l'helminthe est unisexuel, mais dès le troisième ou le quatrième jour, les sexes se séparent par une division de l'être unique en deux individus. Chaque femelle fécondée donne naissance à de jeunes trichines vivantes et toutes unisexuées. C'est alors qu'elles opèrent leur migration à travers la substance de l'intestin, dans le système sanguin, pour se rendre dans les muscles de toutes les parties du corps, particulièrement de ceux du larynx ; en trois semaines, tous les muscles sont envahis et elles ont déjà acquis l'âge adulte. Leur longueur est alors d'environ 3 millimètres.

« On n'a pas de notions très-précises sur la durée de la trichine intestinale ; mais la rapidité avec laquelle elle parcourt les différentes phases de son existence, et sa grande fécondité (chaque femelle renferme 400 à 500 œufs) font croire à une existence brève et fugace. »

Je terminerai là les détails sur ce terrible fléau. Mais ne nous effrayons pas outre mesure, sa présence en France a été rarement constatée ; nos habitudes et nos mœurs, du reste, nous mettent à l'abri de l'orage, par cela seul que nous faisons subir aux préparations culinaires qui dérivent du porc une cuisson assez prolongée pour détruire les germes les plus intences et les plus multipliés.

Après la lecture du rapport de M. FARNE, des trichines en nature, que M le Dʳ GYOUX s'était procurées à grand'peine, ont été soumises à l'examen microscopique ; chacun des Membres présents a pu ainsi compléter les idées sur la nature des trichines.

Les conclusions de l'enquête sur les jambons malades sont donc bien rassurantes en ce qui concerne le fléau trichinose. Nous n'avons pas de triehines dans notre pays, et si nous en avions, l'habitude de faire cuire la viande avant de la manger les rendrait inoffensives. La décomposition putride est le seul fait morbide à reprocher aux jambons ; reste à savoir comment elle a pu se manifester.

Je crois qu'il n'est pas inutile de placer ici quelques lignes de complément sur les conditions générales de la putréfaction. On peut la définir : la décomposition spontanée que certaines matières organiques soustraites à l'action des forces vitales subissent en présence de l'air, de l'eau et d'une température convenable.

La fermentation ou décomposition putride ne peut avoir lieu d'une manière complète que sous l'influence de l'air, de l'eau et d'un certain degré de chaleur. Les corps organisés seuls capables de subir cette décomposition sont composés de principes immédiats, soit ternaires (O.H.C.), soit quarternaires (O.H.C.Az), plus du S. et du PH. en quantité variable. Il est facile, d'ailleurs, de comprendre le rôle de ces divers agents. L'eau, en ramollissant les tissus organiques, diminue la cohésion de leurs principes; l'air fournit l'O. nécessaire à la transformation de l'H. et du C. en HO. et CO_2; la chaleur favorise les combinaisons, comme cela arrive dans toutes les actions chimiques. Il en est de même de l'électricité, ce qui explique les rapides putréfactions des matières animales dans les temps d'orage. La température froide au-dessous de 0° empêche les fermentations putrides de se produire.

Ces principes généraux sont donc utiles à connaître pour les conservateurs des matières d'origine organique (animales ou végétales).

Trois méthodes principales en découlent :

1° La congélation.
2° La dessication.
3° L'emploi des agents antiseptiques.

Cette dernière méthode est celle que l'on emploie généralement pour la conservation des objets d'histoire naturelle, des pièces anatomiques et pour l'embaumement des cadavres. On se sert alors en injections ou en bains de solutions salines minérales avec le sublimé corrosif, l'arsenic, le sel marin, les acides dilués, l'alcool, les huiles pyrogènes. Toutes ces substances jouissent de la propriété de conserver les matières organiques, soit en se substituant à leur eau de combinaison, soit en formant avec elles des composés imputrescibles.

Pour conserver les matières alimentaires d'origine animale ou végétale, on choisit parmi les agents antiseptiques ceux qui sont solubles et inoffensifs, tels que le chlorure de sodium, les huiles pyrugénées, de la fumée et de la suie; alors, on sale et on fume. On est aussi souvent obligé de combiner les autres méthodes avec les antiseptiques, le froid, par exemple, en exposant à un courant d'air des viandes ; on conserve souvent le poisson mort dans la glace. On soumet aussi souvent les légumes à la presse hydrauliques pour en enlever l'eau de combinaison. Enfin, mille autres moyens ingénieux auxquels on a recours ne sont que la mise en pratique des conditions indiquées par la théorie chimique. En général, on peut dire que tous les agents de cohésion sont conservateurs, et les agents dissolvants des agents de décomposition putride.

Après cette digression, je m'empresserai de vous communiquer les autres travaux offerts par les Membres de notre Société.

D'abord, une note intéressante de notre Président M. de La Jallet sur une hypothèse ingénieuse pour expliquer l'état vésiculaire des nuages :

Dans une séance de la Section scientifique, une conversation s'était engagée sur les causes de la suspension des nuages, et sur l'hypothèse imaginée par Halley et Saussure de l'état vésiculaire de la vapeur pour expliquer cette suspension.

Cette hypothèse, longtemps admise dans l'école à l'état d'axiome, est aujourd'hui abandonnée. S'il est juste de reconnaître que les expériences de M. de Saussure, faites avec cette finesse d'observation qui distinguait le savant physicien de Genève, semblent lui donner raison, quant à l'état vésiculaire de la vapeur, il faut avouer aussi que la preuve qu'il tire de la suspension des nuages pour faire admettre son hypothèse, peut être, et a été victorieusement combattue. C'est même en raison de la possibilité d'expliquer théoriquement la suspension des nuages en dehors de cette hypothèse qu'on l'a rejetée d'une manière trop absolue; car le dernier mot n'est sans doute pas dit sur cette question.

L'explication théorique de la suspension des nuages n'avait pu, faute de temps, être donnée à la séance où cet intéressant sujet d'étude avait amené une longue discussion. C'est pour combler cette lacune qu'à la réunion dernière j'ai repris la question où nous l'avions laissée.

Et d'abord, en observant la facilité avec laquelle les corps les plus lourds, même les métaux, voltigent dans l'air, quand ils sont réduits en une poussière très-fine, on a cessé d'être étonné de voir les nuages, qui ne sont qu'un assemblage de molécules infiniment petites, telles qu'elles se trouvent quand l'eau est réduite à l'état de vapeur, se soutenir dans l'espace.

L'hypothèse de Saussure, inapplicable à tous les corps, devenant inutile, il a fallu chercher une loi générale pour expliquer le phénomène de la suspension dans l'air, qui n'est pas particulier aux molécules qui forment les nuages.

Plusieurs démonstrations pouvant être données de ce phénomène, entre toutes, j'ai choisi celle qui m'a paru la plus simple.

Supposons les poussières, comme les nuages, composées de petits globules sphériques.

On sait que le poids, ou puissance qui entraîne les corps vers la terre, est en raison de leur volume : si donc on désigne cette puissance par P pour un corps sphérique, on aura l'équation :

$$(1) \quad P = \tfrac{4}{3}(\pi r^3) \text{ ou bien } P = \pi r^2 (\tfrac{4}{3} r).$$

D'un autre côté, la résistance opposée par l'air à la chute d'un corps est en raison de la plus grande projection horizontale de ce corps, qui dans la sphère est le grand cercle. Désignant par R cette résistance, nous avons cette autre équation :

$$R = \pi r^2.$$

Remplaçant dans l'équation (1) πr^2 par son équivalent R, nous avons cette équation :

$$P = R (\tfrac{4}{3} r).$$

Divisant les deux termes de cette dernière équation par $(\tfrac{4}{3} r)$, on a cette nouvelle équation :

$$R = P \times \tfrac{3}{4} \tfrac{1}{r}.$$

Il est facile de voir, à l'inspection de cette équation, que R, ou la résistance opposée par l'air à la chute d'un corps sphérique, augmente à mesure que r, ou le rayon de la sphère ou du grand cercle diminue. Si donc nous supposons ce rayon infiniment petit, la résistance de l'air sera infiniment grande.

De là, la difficulté que les substances réduites à l'état de poussière très-fine ont à tomber, et c'est le cas où se trouvent les molécules qui forment les nuages.

En donnant une démonstration mathématique au moyen de laquelle on peut expliquer la suspension des nuages, je ne prétends pas me prononcer contre l'état vésiculaire de la vapeur, comme aussi donner la raison de son ascension, car dans son ascension, la vapeur obéit à des lois qui lui sont particulières. J'ai voulu seulement démontrer qu'il n'est pas nécessaire d'admettre l'état vésiculaire de la vapeur pour expliquer la suspension des nuages.

Après, vient une lettre d'un de nos membres très-modeste, mais plein d'ardeur au travail de la botanique, et la liste des plantes rares dans notre arrondissement qu'il continue à nous offrir, prouve combien il a à cœur d'être utile et d'éclairer sa science de prédilection :

Saint-Jean-d'Angély, le 7 juin 1866.

Messieurs,

J'ai l'honneur de vous offrir la continuation de la liste des plantes rares qui croissent spontanément dans notre arrondissement. J'accompagne cette liste de l'indication des localités où elles ont été cueillies.

Nos découvertes sont peu nombreuses, elles deviendront encore plus rares, quand nous aurons plus complétement exploré le riche pays que nous habitons. Nous devrons alors, je crois, porter nos soins à nous assurer si ces plantes continuent à croître et à se multiplier à l'état spontané dans les stations où elles ont été trouvées.

Ce dont je me fais un devoir, si Dieu le permet.

Daignez agréer, Messieurs, l'humble expression de mes sentiments les plus respectueux.

PINATEL.

11

Continuation de la liste des plantes phanérogames rares ou non indiquées dans la Flore de l'Ouest comme croissant dans l'arrondissement de Saint-Jean-d'Angély :

2 Juin 1862. — *Crupina vulgaris* Cass.

> Notre digne ancien Président, M. le Dr Bérard, découvrit cette cyranocéphale dans une vigne inculte alors, sur le coteau sud-ouest du Cluseau, entre le Puits-de-Pourceau et le hameau de la Bugère (la seule station indiquée dans la Flore de l'Ouest, est à Thouars (Deux-Sèvres).
>
> Cette année-ci, le 31 Mai, j'ai voulu m'assurer si cette plante avait continué de croître à l'état spontané où M. Bérard l'avait découverte. J'ai retrouvé facilement la vigne, qui était nouvellement labourée ; néanmoins, j'ai pu y cueillir quelques échantillons, à moitié enfouis. Un sainfoin longe cette vigne, et *Crupina* s'y est abondamment multipliée.

10 Juillet 1864. — *Anthericum ramosum* L.

> Clairières des bois entre Villedieu et Dampierre-sur-Boutonne. J'ai soumis la détermination de cette liliacée au contrôle éclairé du savant botaniste, auteur de la Flore de l'Ouest, M. Lloyd.

6 Avril 1865. — *Aspidium angulare* Kitt.

> C'est à l'obligeance empressée de notre savant correspondant M. le Dr Sauzé, que je dois le nom de cette fougère ; je l'ai cueillie dans un des Bazi-sourd de la Saudière, où elle est peu commune.

26 Avril 1866. — *Veronica Serpyllifolia* et *Veronica acinifolia* L.

> M. Lemarié et moi avons cueilli ces deux personées à Fenioux.

6 Mai 1866. — *Ajuga genevensis* L.

> Au Sœuil (Fontenet). Jusqu'à ce jour, cette labiée n'avait pas de station indiquée dans notre département, du moins, d'après les flores que j'ai pu consulter.

6 Mai 1866. — *Aristolochia longa* L.

> Au Sœuil (Fontenet). Cueilli à peu près à la même époque à Dœuil, par M. l'abbé Dussouchaud.

20 Mai 1866. — *Sisymbrium asperum* L.

> Cueilli par M. Lemarié et le Dr Jouslain, au Sœuil (Fontenet).

27 Mai 1866. — *Gladiolus segetum* Gawl.

> Dans les blés du Plantis, entre Asnières et la Giraud. Cette jolie iridée m'avait déjà été remise en 1862 par un habitant d'Asnières ; j'ai voulu la voir moi-même sur le terrain, pour m'assurer de sa croissance spontanée.

29 Mai 1866. — *Silybum marianum* Gœrt.
Bords des champs, à Moulin-Veau.

31 Mai 1866. — *Echinaria capitata* Desf.
Coteau sud-ouest du Cluseau, entre le Puits-de-Pourceau et la Bugère. M. Lemarié avait déjà cueilli cette graminée au Sœuil, à la Chapelle-Bâton et à Chancelée.

3 Juin 1866. — *Monotropa Hypopitis* L.
Forêt d'Aulnay.

———

RAPPORT

SUR LES

Mémoires envoyés au Concours ouvert en 1866,

PRÉSENTÉ A LA SÉANCE DU 28 JUIN 1866,

Au nom d'une Commission composée de **MM. E. de La Jallet,** Président; **Farne,** Secrétaire; **Brillouin, Lacour, Pinatel, Gyoux.**

Eug. LEMARIÉ, Rapporteur.

———

MESSIEURS,

D'après une décision prise dans sa séance du 29 juin 1865, la Société Historique et Scientifique de Saint-Jean-d'Angély a ouvert, suivant sa louable habitude, un Concours pour un prix à décerner à l'auteur du meilleur Mémoire qui lui serait adressé sur un sujet intéressant particulièrement l'arrondissement.

Aucune question n'a été proposée aux concurrents; à chacun d'eux a été laissé le libre choix de son sujet; cependant l'archéologie, l'histoire, la biographie, la bibliographie, l'histoire naturelle, les beaux-arts, la situation industrielle, la topographie, l'état moral et physique de la population, la statistique et la météorologie leur étaient signalés comme formant le vaste champ où ils étaient invités à moissonner.

Au 15 mai 1866, terme fixé pour la clôture du Concours, deux manuscrits seulement avaient été déposés au Secrétariat de la Société; et bientôt après, la Commission que vous avez établie juge du Concours se réunissait afin de prendre connaissance de ces manuscrits et de les apprécier. Ils ont dû passer successivement dans les mains des Membres de la Commission, afin que chacun pût les examiner à loisir. Ce travail individuel accompli par tous ses Membres, la Commission, pénétrée de l'importance de la mission que vous lui avez fait l'honneur de lui confier, a consacré une séance à examiner collectivement et à discuter la valeur des manuscrits, et s'entendre sur le jugement qu'en définitive elle devait porter.

La première pensée de la Commission, c'est que de vifs remercîments sont dus aux travailleurs qui ont répondu à votre appel et pris part au Concours : s'inspirant de la même pensée qui vous anime, poussés par l'amour de l'étude et de la vérité que rappelle très-heureusement l'épigraphe de l'un des manuscrits, ils nous ont apporté le fruit de leurs études et de leurs recherches; ils ont voulu s'associer aux travaux que nous aimons et encourageons; ils sont entrés en communauté de sentiments avec nous : qu'ils soient les bienvenus, qu'ils reçoivent l'assurance du bon accueil qui attend ici tous ceux qui voudront recueillir les débris et les souvenirs importants de notre passé ou faire luire, au profit de la Société, quelque rayon scientifique de l'avenir.

Entre les deux mémoires qui nous ont été envoyés, le premier et le plus volumineux témoigne des longues recherches faites par l'auteur. Composé de trois énormes cahiers, ce manuscrit est celui qui a pour épigraphe :

« L'histoire est le témoin des temps, la lumière de la vérité et l'école de la vie. »

Et pour titre :

Études historiques sur la ville de Saint-Jean-d'Angély.

Ce travail, adressé par un érudit et infatigable chercheur, esquisse à grands traits les principaux faits de notre histoire locale ; il sera d'un grand secours à ceux de nos compatriotes qui travaillent depuis longtemps à édifier une histoire complète de notre cité.

Nous y avons lu avec un vif intérêt des faits historiques embrassant l'espace compris entre l'invasion des Barbares et la Révolution française, le matricule des abbés commendataires de l'abbaye royale de Saint-Jean-d'Angély, remontant au IXᵉ siècle. La liste des maires, commençant à Thomas de Galerne, capitaine des *Bourgeois et Manants* en 1292, et continuée sans interruption jusqu'à la nomination de M. Roy de Loulay en 1865 ; la nomenclature des sous-préfets de l'arrondissement et une série de vingt-quatre pièces justificatives, signées : Louis d'Outremer (942), Agnès de Bourgogne (1048), Philippe Auguste, Henri III, Clément V, Charles V, Louis XIII, etc, etc.

L'auteur a ajouté à l'histoire la biographie de quelques enfants chers au pays ; mais cette partie ; empruntée le plus souvent à l'ouvrage de M. Rainguet, laisse fort à désirer, et a besoin d'être revue et augmentée.

A tout cela sont joints des plans du XVIIe siècle, des dessins et des autographes précieux pour notre musée.

La Commission, tout en se félicitant de posséder un pareil travail, a eu le regret de constater qu'il est loin d'être complet ; ainsi les guerres de religion, qui doivent tenir une grande place dans notre histoire, n'y sont presque pas retracées. On a négligé également la Fronde, les épisodes encore vivants de la Révolution de 1789, et une foule de chroniques qui ont été écrites par la plume aimable et spirituelle du regretté M. H. D'AUSSY.

L'auteur aurait-il craint de blesser quelques susceptibilités, de raviver entre les Membres de notre compagnie quelque haine politique ou religieuse? Dans ce cas, il se serait trompé, car ici, point de rancunes, point d'ambitions, chacun travaille dans l'intérêt général et avec le désir et la satisfaction de rencontrer des collègues dont les travaux sont profitables aux délassements de l'esprit comme à l'honneur de la Société.

D'anciens manuscrits, des chartes, des récits de Don FONTENEAU, ARCÈRE, MASSIOU, etc., ont fourni les documents qui ont servi à édifier l'histoire de Saint-Jean-d'Angély, contenue dans le mémoire précédent ; celui dont il va être maintenant question est de beaucoup moins sérieux ; les chartes et les pièces ardues y sont remplacées par l'imagination, et une forme littéraire agréable fait place au style rigoureux de l'histoire. J'arrive au n° 2, ayant pour épigraphe, cette phrase de notre savant ministre M. DURUY :

« Quoique Louis XI fût très-brave de sa personne, sur le champ de bataille, ses combats de prédilection étaient ceux qui se livrent avec l'esprit, la finesse et la ruse. »

Et pour titre :

Du Duc de Guyenne et l'Abbé de Saint-Jean-d'Angély.

Ce travail, présenté sous forme d'un drame dont les principaux actes se passent au château de Coulonges et dans le jardin de l'Abbaye de Saint-Jean-d'Angély, a pour but de faire revivre les principales scènes d'un empoisonnement qui aurait été commis par FAURE DE VERSOIS, abbé de Saint-Jean-d'Angély, sur la personne du duc de GUYENNE.

Les principaux personnages sont :

LOUIS XI ; le duc de GUYENNE ; D'ESTISSAC, seigneur de Coulonges ; LESCUN ; JEAN DE DAILLON, seigneur de Bressuire ; HÉLÈNE, fille de D'ESTISSAC ; FAURE DE VERSOIS, abbé ; OLIVIER LE ROUX ; TRISTAN, etc.

L'auteur, qui mérite nos félicitations, est parvenu à donner une forme agréable à des légendes angériennes dont la vérité historique a été, peut-être avec raison, plus d'une fois contestée.

La Commission n'avait pas l'intention d'admettre au Concours des pièces de ce genre ; cependant elle a fait, avec plaisir, une exception en faveur de celle-ci, dont l'intérêt et la valeur ne peuvent être sérieusement contestés.

Comme conclusions du Rapport qui précède, la Commission du Concours a l'honneur, Messieurs, de vous proposer :

« 1° De décerner une médaille au manuscrit n° 1, « dont l'auteur est M. PHELIPPOT, DE LA BENATIÈRE, « notre zélé et laborieux correspondant de l'île de Ré.

« 2° De décerner une mention honorable et le titre
« de Membre correspondant à M. Gabriel Lévrier,
« propriétaire à Vitré, par Celle (Deux-Sèvres), au-
« teur du manuscrit n° 2. »

Ces conclusions, mises aux voix, ont été adoptées
par la Commission des prix.

VIII. Délibération de la Commission administrative.

Ainsi qu'il était facile de le prévoir, Messieurs,
notre logement actuel est devenu insuffisant pour
loger toutes nos collections, qui s'augmentent assez
rapidement. Notre honorable Président a bien voulu
mettre à notre disposition un logement beaucoup
plus spacieux. Ce logement, situé rue du Petit-Saint-
Jean, quoique moins bien placé, après avoir été
examiné avec soin par votre Commission administrative, a été accepté au prix de 200 fr. par an et
pour une période de six ans. C'est une augmenta-
tion de 50 fr par an sur l'ancien prix, mais nous
en serons amplement dédommagés par la facilité que
nous trouverons pour classer tous les objets de notre
musée. Nous devons donc remercier M. DE LA JALLET
de son offre obligeante, et en même temps, faire un
appel à la complaisance de tous les Membres titulaires pour aider notre Conservateur dans l'installation de nos collections.

Dans la séance générale du 29 mars, la Société a
porté à 8 fr. le prix de la cotisation annuelle de
chaque Membre titulaire, à partir du 1er janvier 1867,
en décidant qu'à l'avenir, le Bulletin serait adressé
gratuitement à chaque Membre. Cette modification
à l'art 15 du Réglement a été faite sur la proposition de plusieurs Membres qui ont constaté que quelques titulaires refusaient le Bulletin.

Aujourd'hui, je suis chargé de vous proposer une modification à la tenue des séances mensuelles, modification qui consisterait à décider qu'à l'avenir, tous les travaux pourront être lus indistinctement à chaque séance. Cette modification, demandée déjà plusieurs fois, a été de nouveau réclamée par plusieurs Membres qui ont constaté, que chaque séance renfermée dans sa spécialité n'était pas toujours remplie par des communications ; que de plus, un travail renfermant un fait d'actualité se trouvait renvoyé au mois suivant, si la question traitée n'était pas du domaine de la séance la plus rapprochée. Cette distinction existerait toujours de nom, et chaque travail spécial à chaque séance serait toujours communiqué avant tous les autres (1).

Dnfin la Commission administrative vous propose l'achat d'un microscope, dont le besoin s'est fait surtout sentir ces jours derniers. Seulement, pour ne pas obérer les fonds de la Société, elle propose de faire cet achat au moyen d'une cotisation volontaire pour chaque Membre titulaire.

IX. Situation du musée.

Le déménagement du musée et la difficulté de remettre tout en place dans un local qui n'était pas tout-à-fait fini de réparer, n'ont pas permis à M. LEMARIÉ de fournir une note exacte des objets offerts pendant ce semestre.

Il présentera à la prochaine assemblée générale un rapport pour l'année 1866.

---

(1) Cette proposition a été acceptée par l'assemblée générale. L'achat du microscope est également accepté.

X. Bibliothèque.

(Note fournie par M. Barbot.)

Messieurs,

Il y dix-huit mois environ, un incendie consumait une partie de notre bibliothèque et y occasionnait un vide considérable. Nous perdîmes plusieurs volumes rares et précieux ; cette perte, très-regrettable en toute circonstance, devait être plus sensible encore pour notre Société, car la bibliothèque se formait à peine, et nous pouvions craindre dès-lors que le vide ne fût de longtemps comblé.

Je suis heureux, Messieurs, de pouvoir vous rassurer à cet égard, en vous annonçant que des dons nous étant parvenus de tous côtés, les rayons supplémentaires sont devenus insuffisants.

Nos collections de toutes sortes s'étant accrues, le local afférent à la bibliothèque ne répond plus à nos besoins par le développement inespéré qu'elle a pris.

Un local plus vaste et mieux approprié aux exigences de la situation nous mettra bientôt à même, je l'espère, de classer nos livres avec ordre et méthode, et un catalogue détaillé viendra compléter l'œuvre de votre Bibliothécaire.

Nous ne mesurons pas nos remercîments à l'importance des dons qui nous sont offerts, convaincus que nous les devons tous à la même spontanéité de sentiments qui animent les donateurs. Je me fais un devoir de leur exprimer hautement ici, au nom de la Société toute entière, dont je crois être l'interprète, notre bien vive et profonde gratitude ; qu'il me soit cependant permis de vous signaler M. CLOUZOT, de Niort, l'intelligent éditeur des chants et chansons populaires de la Saintonge et des provinces limithrophes, dont l'abnégation égale le dévouement à notre Société, au succès et à la prospérité de laquelle il semble s'être imposé le devoir de concourir.

Les donateurs de la bibliothèque, pendant le premier semestre 1866, sont :

M. GYOUX, plusieurs brochures et journaux périodiques.

M. CLOUZOT, libraire à Niort, *Histoire des Hommes*, 49 vol. avec Atlas; *Querelles des différents corps*, 4 vol.; *Le Spectateur*, traduit de l'anglais (1734), 8 vol.; et une quinzaine d'autres ouvrages.

M. LEMARIÉ, 18 collections des journaux de la Charente - Inférieure et départements limithrophes, année 1865.

M. MOREAU, de Melle, le *Mellois*.

M. P.-E. DE RATTIER DE SUSVALON, l'*Étincelle*.

M. FARNE, *Lettres sur l'Italie*, par DUPATY 3 vol.,

M. J. LAPAUME, 5 brochures.

M. DURAND-JAVELLE, une vingtaine de volumes

M. JOUSSE, un catéchisme en langue bassoutos; *Récits bibliques*, et un numéro d'un journal en même langue.

M. COUELANT, Réglement et Catalogue de la bibliothèque populaire, de DIEULEFIT (Drôme); Tableau des observations météorologiques du 1er Octobre 1865 au 31 Mars 1866.

M. Ch. DES MOULINS, une douzaine de brochures scientifiques relatives à l'Ouest de la France.

M. Grégaud, *Cours d'éducation à l'usage des jeunes Demoiselles et des jeunes Messieurs.*

XI. Nécrologie.

J'espérais, Messieurs, trouver ce chapitre vide, j'espérais que la mort, qui nous a déjà frappés si souvent, nous épargnerait au moins cette fois: Mais il n'en a pas été ainsi, car nous apprenons qu'un de nos Membres correspondants, M. Tourneur, vient de nous être enlevé à la suite d'une grave maladie.

EXCURSION DU 21 MAI 1866.

EXCURSION DU 21 MAI 1866.

COMPTE-RENDU

Présenté par M. E. de LA JALLET, Président,

A la séance du 20 décembre 1866.

Le lundi de la Pentecôte, jour consacré désormais pour l'excursion annuelle de la Société, nous montions au nombre de six seulement (*) dans la confortable voiture retenue à cet effet. Le soleil déjà haut, ne permettait plus d'attendre, et nous partions avec le regret de laisser quelques collègues hésitants ou trop attardés, mais avec l'espoir de recruter d'autres compagnons en route.

Chacun pour cette petite campagne scientifique s'était muni du bagage obligé : des boîtes, des pioches, des albums.... Quand à moi, disciple toujours fidèle de l'école buissonnière, je n'emportais que mon bâton. Aussi mes collègues, pour me punir de cette infraction aux lois de l'étiquette, m'ont-ils imposé l'obligation du compte-rendu ; malicieuse ironie dont je ne serai peut-être pas le plus puni. Il est certain que la Société eut gagné à ce que cette tâche fut dévolue à une plume plus exercée que la mienne, et suffisamment désignée pour ce choix.

___

(*) MM. DE LA JALLET, LACOUR, PINATEL, LEMARIÉ, GUILLARD, et HILLAIRET.

La route que nous suivons, en sortant par la porte de Niort, a été parcourue jusqu'à Tout-y-Faut, dans l'excursion de 1864. Notre honorable Président a donné les détails de cet itinéraire, et n'a pas laissé beaucoup à glaner après lui.

Je ne laisserai pas cependant passer sans observation son opinion sur le clocher de Saint-Denis-du-Pin, qu'il trouve d'un aspect peu agréable ; il aurait dû ajouter : à cause des grossières modifications qu'il a subies. Qu'on ouvre ses jours, presque tous murés, qu'on lui restitue ses moulures et ses sculptures rasées ou disparues sous le mortier, qu'on le débarasse de la toiture à double versant qui l'écrase et l'enlaidit, et le pays comptera un élégant monument de plus, d'un type original et peu commun.

Rappelons que la chapelle de Saint-Denis-du-Pin est d'origine fort aucienne. C'est au commencement du XIme siècle, en 1020, qu'elle fut donnée ou plutôt restituée à Aimeric, abbé de Saint-Jean-d'Angély, par Cadelon, vicomte d'Aulnay. Je n'entrerai pas dans les détails de cette cession, qui m'entraîneraient trop loin.

A peine laissons-nous le bourg de Saint-Denis, que le bois d'Essouvert apparaît à notre gauche.

Il n'est pas sans intérêt de noter que la forêt d'Essouvert renferme les traces d'un vaste camp peu connu, et qui n'a pas été, que je sache, l'objet d'études sérieuses. Ce point, au reste, l'un des plus élevés du pays, était admirablement choisi sous le rapport stratégique.

Le camp de Dœuil, dont nous aurons à parler, et qui est dans une position analogue, s'emblerait se ratacher à celui d'Essouvert, par un même principe de tacique. Aussi doivent-ils être de la même époque, et probablement ont-ils la même origine.

Je note en passant combien il serait intéressant de faire une espèce de carte militaire, en recherchant et fixant les points nombreux qui semblent avoir été occupés par des armées. On y trouverait de précieux documents pour aider à l'histoire des guerres qui ont ensanglanté le pays.

Nous voici devant le manoir de Montrolland, dont le nom passe pour avoir été emprunté au fougueux maire qui a couvert notre ville de tant de ruines. Il a été possédé par Layne Du Verger, le dernier bailly d'Aulnay. Cette circonstance, rappelée dans la conversation, fournit à M. Lacour l'occasion d'une dissertation savante sur les attributions de ces magistrats dont le souvenir s'est perdu avec le titre.

Sous le charme de la parole facile de notre collègue, nous atteignons Loulay sans nous apercevoir de la longueur de la route.

A Loulay une riche recrue nous échappe. Nous avons le regret d'apprendre que de sérieuses occupations retiennent M. Cieutat. Pour nous dédommager, il nous fait remettre des monnaies romaines trouvées à Sainte-Radégonde. Faible compensation du plaisir et du profit que nous promettaient cet esprit si brillant, cette érudition si profonde que la plupart d'entre nous connaissent et apprécient.

Une courte halte à Tout-y-Faut, où doivent se trouver MM. Baril et Gauthier, nous donne le loisir d'examiner deux vases qui ornent une porte d'entrée, et sortis des ateliers du sieur Delou, sculpteur de notre ville. Cet ouvrage, dont le dessin peut être critiqué, est d'une bonne exécution, et dénote chez son auteur une assez grande habileté de main.

Déjà nous apparaît le donjon de Villeneuve, où nous devons descendre.

Pauvre donjon, d'un aspect si majestuéux naguère, alors qu'il dominait la plaine de sa couronne de machicoulis qu'ornait, comme un brillant panache, l'élégante guérite où s'abritait l'escalier ; aujourd'hui ruine défigurée sous un ignoble toit, et rappetissée presque au niveau des constructions modernes !

Le château de Villeneuve est assis sur un massif carré, formé des déblais sortis des larges douves qui l'entourent, et flanqué aux angles sud de deux tours rasées dernièrement au niveau des parapets. On y entrait par un pont-levis communiquant au porché du donjon bâti sur le milieu de la face nord. La manœuvre de ce pont se faisait au moyen de chaînes dont la trace est encore apparente.

Les divers étages sont mis en communication par un escalier à vis accolé au donjon, et qui devait donner accès à quelque voie souterraine, ainsi qu'il en existe dans presque tous les anciens châteaux fortifiés. La partie inférieure de l'escalier étant obstruée par des terres, on en est réduit aux conjectures sur ce point.

Quelques détails du dernier étage du donjon rasé semblent indiquer qu'il a servi de chapelle ; probablement lorsque les protestants occupaient le pays, et que les catholiques vinrent se réfugier sous la protection des puissantes murailles du château pour attendre l'arrivée de l'armée royale.

La voûte de cet étage, dont il ne reste que des vestiges, paraît être moins ancienne que les murs du donjon, avec lesquels la liaison n'est pas très-intime et accuse une soudure.

Une vaste cour, qui a pu servir de place d'armes, s'étend au nord du donjon et en dehors des fossés.

Les honneurs du noble manoir nous ont été faits par MM. Lécuiller père et fils, qui ont mis autant de complaisance que d'intelligente bonne grâce à nous en faire remarquer tous les détails.

Pendant que nous visitons les salles intérieures du donjon avec l'intérêt qu'inspirent des lieux témoins de tant de faits historiques, nos botanistes explorent les douves et découvrent l'*Hyosciamus niger* L., *Hypericum montanum* L., *Ophris arachnites* de Reichard, et plusieurs variétés d'*Hieracium murorum*.

Les vieux murs du château ont aussi leur flore particulière. On y trouve le *Cheiranthus Cheiri*, le *Valeriana rubra* et une infinité d'autres jolies fleurs entre lesquelles brillent d'éclatants *Mufliers*.

Humbles et aimables fleurs qui vivent chétives et ignorées près des ruines auxquelles elles restent fidèles, et dont elles dissimulent les nudités et égaient les tristesses sous l'abri de leur modeste, mais riante parure.

Noble exemple d'abnégation et de généreux dévouement, bien fait pour frapper de honte l'ambition égoïste et calculée de l'homme.

Malgré l'attrait qui s'attache à ces débris d'un autre âge, si riches de souvenirs, il faut dire adieu à nos hôtes, et reprendre le cours de notre excursion qui nous conduit au bourg de Villeneuve-la-Comtesse.

Villeneuve ne renferme rien de curieux que son église. Le clocher qui surmonte la toiture et la tour octogonale de son escalier, les parties les plus anciennes, sont des **constructions** du XIIe siècle.

Le clocher est à quatre faces percées chacune de quatre fenêtres en plein cintre accouplées, et séparées par une colonne engagée.

L'effet de cette disposition, qui exige pour chaque face un assez grand développement, donne de la lourdeur au clocher. On a en partie corrigé ce fâcheux effet, il y a quelques années, en substituant à une toiture plate une élégante flèche en charpente.

De la même époque que le clocher et la tour de l'escalier, datent probablement les chapiteaux qui, à l'intérieur de l'église, soutiennent les nervures de la voûte.

Ce sont, à partir de la porte, des personifications des péchés; ceux du sanctuaire, au contraire, semblent pouvoir s'appliquer aux vertus chrétiennes.

Il est évident que ces chapiteaux sont plus anciens que la voûte, et même que les murs de l'église, dont celui du midi est percé de fenêtres du style fleuri. Au reste, pour se convaincre qu'ils n'ont point été faits pour la place qu'ils occupent, il n'y a qu'à examiner ceux du sanctuaire, qui sont formés de l'assemblage de deux chapiteaux superposés. Quelques-unes de ces sculptures, d'une naïveté un peu osée, ne sont pas sans mérite.

La façade de l'église, d'une construction relativement récente, ne porte aucun caractère d'architecture.

Avant de laisser Villeneuve, nous avons à remercier M. GAUTHIER père qui nous a fourni sur le pays d'intéressants détails que son fils, notre jeune collègue, a consignés dans des notes déposées dans nos archives. Nous avons été reçus dans une élégante habitation moderne, et sommes partis bien convaincus

par cette visite que, ni le bon goût des constructions,
ni l'urbanité des manières né sont le privilége exclusif
des villes. Cette dernière remarque, nous avons eu
occasion de la faire pendant toute notre excursion.

De Villeneuve, nous nous dirigeons sur Dœuil
par un chemin de traverse tracé sur un terrain cora-
lien très-accusé par les blocs de pierres qui bordent
les champs et les vignes, vis-à-vis les Connilières.
Nous remarquons que les récoltes sont belles, les
vignes bien cultivées. Tout annonce qu'avec les autres, le progrès agricole a pénétré dans cette riche
contrée.

Aux approches de Dœuil, un gracieux et fertile
vallon, qui verdit sous la protection d'une végétation
luxuriante, nous apparaît comme un oasis saluée avec
d'autant plus de joie que, depuis-Loulay, nous n'a-
vons parcouru qu'une plaine desséchée. Et puis le
soleil déjà brûlant nous fait désirer les délices d'une
halte sous un frais ombrage, et celles non moins
vive du repas que nous devons y prendre. Car, si
depuis notre départ l'esprit a eu ses jouissances, l'es-
tomac éprouve des besoins qui demandent satisfaction.

C'est chez M. Chaussegroux, au Prieuré, que nous
descendons de voiture dans une vaste cour où tout
respire l'activité, l'ordre, et l'aisance qui en est la
conséquence ordinaire.

Notre première pensée, notre premier désir, en
arrivant à Dœuil, est une visite à notre savant collègue M. Dussouchaud, curé de la paroisse.

La cure qu'il habite ouvre, au midi, sur un jardin
bien tenu et émaillé de fleurs sans nombre, parmi
lesquelles on remarque quelques conquêtes faites
dans des excursions botaniques.

Après y avoir inutilement cherché un abri pour un repas champêtre, force nous est de retourner au Prieuré, où chacun, aidé surtout du concours empressé des maitres du logis, a bientôt dressé un couvert qui se couvre de provisions, et prend les proportions d'un festin de nôces.

Le premier moment de silence donné aux satisfactions d'un appétit surexcité par notre promenade matinale est dejà passé. Les conversations s'engagent, s'animent, mais toujours sur le terrain de notre programme : c'est de la science, c'est de l'histoire ; c'est, entre autres, une discussion sur l'origine des fleurs de lys.

Les uns y voient le crapaud des Gaulois, les autres le fer de l'angon franc. Pour ceux-ci, c'est l'abeille des Mérovingiens, reprise sous l'Empire, pour ceuxlà, c'est le lys de Palestine, souvenir des croisades.

Ce qui fut dépensé d'érudition sur ce seul sujet ferait la matière de plus d'un volume, et bien des questions sont traitées ainsi. Et les bons mots !... il y en a eu à enrichir dix auteurs de vaudevilles.

Pas n'est besoin de dire, chacun l'a deviné d'avance, que jalouse, pour ne pas déroger, de demeurer fidèle aux traditions des corps savants, notre petite assemblée disputa beaucoup et ne conclut rien. *Noblesse oblige.....*

Mais voici qu'au plus fort de l'orage apparaît un panier aux vastes flancs, où notre excellent et prévoyant collègue a collectionné les échantillons les plus précieux de sa cave. Bouteilles de vin rouge, bouteilles de vin blanc, bouteilles de toutes sortes, qu'une respectable poussière recommande à l'attention et à l'étude des antiquaires. L'étude a été longue et consciencieuse, et a donné lieu à bien des considérations approfondies sur l'œnologie. Cette branche intéressante de la science, pour n'avoir pas été prévue par notre programme, rentrait dans le cercle de nos attributions; ainsi, personne ne sera ni étonné, ni scandalisé du temps que nous lui avons consacré. Elle avait, au reste, le mérite de l'imprévu, et a eu le rare privilége de nous mettre tous d'accord. C'est à l'unanimité que nous proclamons que M. DUSSOUCHAUD est un savant collectionneur, et qu'il a bien mérité de la Société. Aussi est-ce avec un empressement qui tient de la reconnaissance que chacun s'enrôle sous sa conduite, pour l'intéressante promenade botanique qu'il nous propose dans les bois de Dœuil.

Pendant qu'il se charge du bagage obligé de la boîte et de la bêche, un coup d'œil est donné à l'église.

Le chevet et le clocher, les parties les plus anciennes, sont du roman du XIIe siècle assez simple, mais d'un très-bon style. Le reste de l'édifice a subi des constructions et des reconstructions de divers âges, dont les plus importantes datent du XVe siècle.

Cette circonstance, au reste, est la règle générale pour presque toutes les églises du pays. Il y a dans cette coïncidence des notions qui peuvent être utiles pour son histoire.

Sous la conduite de notre docte et zélé collègue, nous parcourons les bois de Dœuil un peu rapidement, mais avec fruit, car celui qui nous dirige en connaît les moindres recoins. Il sait où croît chacune de ses plantes; je dis *ses plantes*, parce qu'il est là chez lui. Voici le *Geranium sanguineum*, belle plante qui ferait l'ornement de nos jardins si elle y était cultivée, l'*Orchis bifolia* L., l'*Orchis pyramidalis*

L., l'*Orchis morio*, puis le *Limodorum arbotivum* Swartz, privé d'éperon avec une persistance qui le fait considérer par nos botanistes comme une variété, quoique le savant M. Lloyd, auquel on a signalé ce caractère, ne veuille y voir qu'une anomalie *Adhuc sub judice lis est.*

Ceux de nos collègues qu'intéresse moins l'étude de la botanique se dédommagent par la belle vue dont on jouit en ce point sur le Poitou. C'est Marsais, Mauzé, la Foye-Monjault, Beauvoir, et à l'horizon la forêt de Chizé... Sur la lisière nord du bois de Dœuil nous visitons le camp. C'est ainsi qu'on appelle dans le pays une élévation de terre d'une centaine de mètres de longueur, et qui se rattachait sans doute à d'autres ouvrages disparus sous la culture des vignes.

M. Dussouchaud nous fait cueillir sur la crête le *Scorsonera hirsuta* L., et le *Carex gynobasis* Vill. Mais le temps presse, et c'est presque au pas de course que nous arrachons dans les moissons le *Papaver hybridum* L., l'*Aristolochia longa* L. l'*Adonis flammea* et la *Veronica teucrium* L.

Nous sommes à la Ville-aux-Moines, où nous attend notre voiture chez M. Chaussegroux père, qui tient à nous prouver que la grâcieuse hospitalité que nous avons reçue chez son fils est une vertu héréditaire. Ici encore les verres se choquent, mais les toasts sont empreints de tristesse, car ce sont des adieux. Nous nous séparons de notre savant collègue M. Dussouchaud avec lequel nous avons passé des heures si pleines d'intérêt, et dont nous conserverons tous un bien précieux souvenir.

C'est sur la Tanière que nous nous dirigeons. On nous signale en passant le château de La Ferrière, qui a appartenu à la famille de Veaublanc, et plus tard à celle de CHASTENET. Nous découvrons encore sur notre route le domaine de La Fourche, ancien prieuré, où se trouve une source renommée pour ses vertus médicinales.

A la Tanière on est en pleine ballade ; aussi trouvons-nous chez M. VINET, notre collègue, un couvert tout dressé, où on nous sert la *galette* traditionnelle et d'excellents plats de laitage, qui n'ont que le tort d'être présentés à des estomacs satisfaits, sinon fatigués de notre copieux déjeuner.

Saint-Félix où nous arrivons en quittant la Tanière, quoique placé sur un point élevé, possède une belle et abondante fontaine. Quant à la motte et à l'église, je ne ferai que les rappeler. M. LACOUR en a fait le sujet d'un intéressant rapport publié dans les annales de la Société des arts de Saintes ; il n'y a rien à dire après lui.

Je ferai remarquer, toutefois, que si la motte de Saint-Félix, comme le dit M. LACOUR, a été l'emplacement d'un *castrum*, d'autres buttes qui se trouvent dans le voisinage, indiqueraient que la construction de ces mottes se rattache à un système d'attaque ou de défense dont l'importance et le but précis échappait à notre appréciation, et méritent d'être étudiés. Notons en passant que nous sommes sur le parcours de la voie romaine de Saintes à Nantes.

Après un examen sérieux de la butte et de l'église de Saint-Félix, nous partons pour Saint-Martin-de-la-Coudre. Sur la route nous visitons une importante tuilerie, et les fosses d'où on extrait la terre pour l'alimenter.

Cette terre a une épaisseur exploitée de dix mètres environ. Elle est recouverte d'une couche d'*ostrea virgula* liées par une marne argileuse assez friable. Le banc de terre à tuile renferme des *Pholadomies* en grand nombre, des *Ammonites* et du *Sulfure de fer*. Nous ramassons des échantillons de tout pour le musée.

Le château de St-Martin est le sujet d'une autre halte.

Cet antique manoir, inhabité depuis longtemps, a subi de nombreuses restaurations et démolitions. On entre dans la cour d'honneur par une porte à bossage d'un bon style. En saillie sur la façade s'élève une tour à six pans qui parait avoir été soudée aux anciennes constructions. L'escalier qu'elle renferme est à vis, avec un jour central orné d'un limon à double moulure d'une grande élégance.

Je le recommande aux amateurs d'architecture, mais qu'ils se hâtent: la terre de Saint-Martin s'en va en lambeaux, et les pierres du château ne tarderont peut-être pas à être vendues à la toise.

Ainsi s'en va le passé, avec le respect des traditions et des souvenirs de famille.

L'église enfermée dans la pré-clôture du château, aujourd'hui église communale, est d'une construction fort ancienne. Nous n'en avons vu que l'extérieur.

De Saint-Martin nous nous dirigeons sur Malvaut, où on arrive par la voie romaine, apparente au bord de la route.

Quels désastres ont donné ce nom sinistre (Vallée de Malheur) à ces lieux où l'on se sent pris d'une fièvreuse curiosité aux récits légendaires des gens qui l'habitent?... L'histoire est muette sur ce point, mais, il n'en faut pas douter, des révélations surgiront de cette terre non fouillée, où tant de découvertes intéressantes ont été faites, et qui en promet de plus importantes encore.

Dans ce pré qui avoisine la butte, car à Malvaud existe aussi une butte d'une grande importance, on a trouvé enfoui un cheval tout harnaché. Plus loin a existé dit-on une ville dont quelques débris jonchent le sol. A l'est, en creusant un fossé, on a mis à découvert un squelette accompagné d'un grand nombre de perles et de deux disques en marbre dont je ne puis comprendre l'usage Le peu de pièces qui restent de cette trouvaille, qui remonte à plus de trente ans, quelques perles et un des disques m'ont été donnés par le sieur BENÉTEAU. Les fouilles ne s'étant pas étendues au delà des limites du fossé, bien des objets précieux peuvent être restés dans le sol. Il serait intéressant de faire des fouilles dans le voisinage.

Ici, comme partout, nous sommes accueillis avec empressement. Tous se mettent à notre disposition pour nous piloter et nous aider dans nos recherches ; mais ce sera pour une autre fois, le soleil va se coucher, et ce serait trop peu d'un jour entier pour fouiller cette mine si riche à exploiter.

La voie romaine est très-apparente à Malvaud. Elle est formée d'une couche de béton bien conservé. Comme je faisais piocher sur un point où je la supposais enfouie sous une couche de terre végétale, je découvris un éperon à une seule pointe d'une origine fort ancienne. Un voisin ayant remarqué l'intérêt que je prends à ces objets dont on fait peu de cas dans le village, me mène dans son jardin pour me donner un instrument qu'il y a trouvé, et dont il se sert pour curer ses outils : il avait été enlevé. Ainsi ont disparu les débris d'un grand vase, abandonné sur le terrain à cause d'une fêlure, et qui a servi longtemps de cible aux enfants du voisinage.

Malgré le bon vouloir de chacun, je ne trouve à recueillir que quelques tessons de poterie rouge d'origine gallo-romaine.

Ici le passage des Romains est inscrit partout. Il n'est pas jusqu'aux grands buis dont les jardins sont plantés qui ne rappellent les villa de l'ancienne Rome.

Vous devez comprendre par ces quelques mots que nous nous soyons arrachés de ces lieux avec peine, et que nous les ayons laissés avec esprit de retour.

Partis de Malvaud pour Sainte-Radégonde, nous suivons un chemin où aucune voiture, je pense, n'a osé se risquer avant nous. Après des cahots à briser les dents, et des chocs de tête, comme doit en faire éprouver un déraillement de wagon, nous arrivons à Ligueuil sans avoir rencontré Sainte-Radégonde. Personne toutefois ne songe à revenir sur ses pas, car nous sommes sur une bonne route, heureux de voir terminé le supplice des heurts affreux dont nous avons le corps rompu, et impatients de repos après une course intéressante, mais qui n'a pas été sans fatigue. Il est dix heures lorsque nous descendons de voiture à Saint-Jean.

Vous remarquerez, messieurs, que si nos excursions sont pleines de charmes pour ceux qui y prennent part, leur rapidité, commandée par leur étendue, ne permet pas un compte-rendu bien riche en documents, et dont la Société puisse beaucoup profiter. Aussi ne faut-il les considérer que comme une reconnaissance où vos collègues ont été planter des jalons sur les lieux qu'ils recommandent à votre attention.

Lorsque tout le pays aura été exploré, jalonné, si je puis dire ainsi, chacun pourra choisir les points qu'il voudra visiter, et qui fourniront matière à la spécialité de ses études.

C'est ainsi que tous nous aurons apporté notre concours à des travaux qui enrichiront nos annales, et que le rôle du flâneur qui a couru un simple bâton à la main n'aura pas été tout-à-fait inutile.

COMPTE-RENDU GÉNÉRAL

DU DEUXIÈME TRIMESTRE DE 1866.

COMPTE-RENDU GÉNÉRAL

Du 2me Semestre de 1866,

Présenté par M. FARNE, Secrétaire-Général,

A l'Assemblée générale du 27 Décembre 1866.

MESSIEURS,

Comme les années précédentes à pareille époque, nous avons à constater le peu de zèle des Membres de notre Société à assister à nos séances mensuelles. Faut-il attribuer ce peu d'empressement aux besoins de la villégiature? Ou bien devons-nous plutôt le mettre sur le compte des travaux nombreux qui tombent à cette époque? Ne serait-il pas bon, comme on l'a proposé déjà, de nous donner des vacances officielles pendant toute la durée des vendanges? Chacun y trouverait son compte, et peut-être la Société y gagnerait-elle.

Dans tous les cas, je constate le mal, à vous de trouver le remède.

Le seul fait important de ce semestre est la translation de notre musée rue Paradis. Notre installation est aujourd'hui complète, et chacun de vous peut constater les avantages nombreux que présente notre nouveau local. Chaque chose trouve sa place, et chaque chose peut se trouver facilement.

C'est grâce au zèle de MM. LEMARIÉ, PINATEL et HILLAIRET, que nous avons pu obtenir aussi rapidement ce résultat; qu'ils en reçoivent donc publiquement nos remerciements.

Notre musée, dont je constatais le rapide progrès dans le dernier Compte-Rendu, vient d'être enrichi de la magnifique collection d'oiseaux de M. DE SAINT-MATHURIN. M. DE SAINT-MATHURIN, tout dévoué au succès de la Société, a bien voulu nous la confier, ainsi que les vitrines destinées à la placer. Nous le remercions aussi bien vivement de son obligeance.

Enfin, Messieurs, j'ai à vous annoncer l'achat d'un microscope. Cet instrument, indispensable dans toute Société scientifique, nous permettra d'étudier ces êtres infiniment petits dont nous ne soupçonnons pas même l'existence. Etres pourtant qui, comme les trichines, se font connaître par les ravages qu'ils causent. Nous pourrons aussi étudier les organes les plus délicats des plantes qui, faute d'instruments assez puissants, échappent à nos recherches, étudier enfin cette immense quantité d'animaux de toute nature, qui se développent dans tous les corps en putréfaction, ou vivent aux dépens des autres animaux. C'est donc un achat éminemment utile, et j'ai la certitude que tous nos Membres l'apprécieront et voudront contribuer à la souscription que nos modestes ressources nous forcent d'organiser.

I. Situation financière.

Compte présenté par M. TEXIER, Trésorier :

Recettes.

	fr.	c.
Reliquat du 2ᵉ Semestre 1866	43	65
Arriérés	115	»
Annuités et Bulletins	294	25
Recettes diverses	15	30
	468	20

Dépenses.

Impressions	30	»
Ameublement	115	»
Bibliothèque	45	»
Frais d'installation	165	75
Frais de poste	27	25
Dépenses diverses	17	80
	400	80

Reste en caisse...... 1 40

II. Admissions et Démissions.

Notre personnel s'est un peu modifié pendant ce semestre, 6 Membres titulaires ont donné leur démission. Ce sont :

MM. Savin, sous-inspecteur des forêts, à Parthenay.

Beyneix (Victor).

Rocquet (Georges).

Drahonnet, médecin à Nachamps.

Moreau (Gustave).

Mouton, instituteur à Saint-Jean-d'Angély.

Ces Messieurs ayant satisfait à l'art. 26 du Réglement, je vous propose d'accepter leur démission.

MM. Savin et Rocquet ont demandé à changer leur titre de Membres titulaires contre celui de Membres correspondants.

Voici la lettre que nous adresse M. Savin :

Parthenay, le 13 décembre 1866.

Monsieur le Président,

J'ai perdu définitivement l'espoir que je conservais de revenir à Saint-Jean.

En conséquence, j'ai l'honneur de vous adresser ma démission de Membre de la Société historique et Scientifique de Saint-Jean-d'Angély.

13

Je serais bien aise de rester attaché, s'il est possible, à la Société comme Membre correspondant.

Veuillez agréer, Monsieur le Président, l'assurance de ma considération la plus distinguée.

Em. SAVIN,

Sous-Inspecteur des Forêts.

Je vous propose l'admission des Membres correspondants suivants :

M. SAVIN, sous-inspecteur des forêts.

M. Georges ROCQUET.

M. HARDON, rue St-Etienne-du-Mont, 34, à Paris, présenté par M. GYOUX.

M. le Comte DE BREMOND D'ARS, à Nantes présenté par M. LEMARIÉ.

M. Jules DE CLAIRVAUX, présenté par M. PINATEL.

M. Aimée DE SOLAND, Président de la Société Linnéenne de Maine-et-Loire, présenté par M DE LA JALLET.

M. GROUSSET, instituteur à Dompierre, et M. AUNIS, agent-voyer à Segonzac, présentés par M. LEMARIÉ.

III. **Correspondance.**

Notre correspondance est peu volumineuse et peu importante. J'ai pourtant à vous signaler la lettre de M. GAUTHIER, de Villeneuve. Il nous adresse plusieurs fragments d'os humains. Ces fragments proviennent de deux squelettes trouvés au milieu du bourg, derrière une maison que l'on voulait réparer, et à environ cinquante centimètres de profondeur. Ces deux squelettes sont placés l'un au bout de l'autre, les pieds tournés du même côté. M. GAUTHIER ne nous dit pas si les deux corps sont renfermés dans des tombeaux, mais se met à notre disposition dans le cas où la Société voudrait faire quelques recherches et déterminer l'époque où ils ont été inhumés.

IV. Bulletin annuel.

Notre Bulletin annuel, publié un peu tard, a été renvoyé, comme les années précédentes, à quelques Membres correspondants et aux Sociétés savantes avec lesquelles nous sommes en relation ; presque tous nous en ont accusé réception et nous ont envoyé en échange le Bulletin de leurs travaux, Bulletins presque tous importants.

Plusieurs journaux et revues en ont rendu compte.

V. Délibérations de la Commission administrative.

La Commission administrative s'est informée, dans sa dernière séance, du résultat de nos démarches pour obtenir que notre Société soit autorisée par le Gouvernement. Elle a vu avec peine qu'elles avaient été abandonnées, et prie M. le Président de s'en occuper activement.

Elle propose aujourd'hui à l'Assemblée générale une petite modification à nos réglements. C'est qu'une amende de 50 c. sera payée par chaque Membre du Bureau qui, à moins de raison sérieuse, n'assistera pas aux séances. Chacun de nous, évidemment, est plein de zèle et de dévouement pour la Société, mais il serait bon, je crois, qu'au commencement de chaque séance, le Président ou le Secrétaire général fussent prévenus des raisons qui empêchent les Membres du Bureau d'y assister. Je considère donc cette petite amende comme utile, et j'espère que l'Assemblée générale la votera.

VI. **Travaux des sections.**

—

SECTION HISTORIQUE.

—

COMPTE-RENDU
Présenté par M. F. BONNET, Secrétaire

MESSIEURS,

Le devoir des secrétaires de la Société étant, aujourd'hui, de lui rendre compte des travaux exécutés ou communiqués pendant le semestre qui vient de s'écouler, je vais, aussi succinctement qu'il me sera possible et avec l'exactitude dont je puis être capable, vous exposer ceux de ma section, comptant, du reste, sur votre bienveillance accoutumée et surtout sur votre indulgence.

La séance du 5 juillet, qui est celle par laquelle je commence, nous a procuré, Messieurs, le plaisir d'entendre la lecture, faite par notre collègue, M. Vorraux, de son analyse, aussi savante qu'intéressante, du travail de M. J. LAPAUME, intitulé : *Mémoire sur divers usages de la vie commune chez les anciens.* Tronquer cette œuvre et ne vous en faire connaître que quelques passages, serait une faute et serait aussi vous priver d'une partie d'un nouveau plaisir que je tiens à vous ménager. Il est donc préférable que je la livre, en entier, à votre examen et à votre appréciation :

« Chaque siècle, dit M. VORRAUX, apporte ses nouveautés ; mais rien n'est nouveau en sens absolu, et rien ne saurait l'être : tout est le développement d'un caractère primitif, la déduction logique d'une première donnée.

« Il n'y a rien de nouveau sous le soleil ; ce qui a été, c'est ce qui sera. Ce qu'il y a le plus dans le présent, c'est le passé, nous dit M. LAPAUME dans son court, substantiel et intéressant mémoire, consacré à établir cette vérité en ce qui concerne certains usages de la vie commune chez les anciens.

« M. LAPAUME n'a pas de peine à donner des preuves irréfragables de ce qu'il avance. Parmi les exemples à 'appui de son dire, il n'a que l'embarras du choix. En effet, il ne lui est pas difficile de retrouver dans un lointain assez reculé, la trace d'usages de la vie ordinaire, d'après lesquels on pourrait se méprendre sur l'époque où ces usages étaient répandus et consacrés.

« M. LAPAUME fait de curieux rapprochements entre les habitudes des anciens et celles de nos contemporains relatives à l'habillement, au logement, au boire et au manger, à l'hygiène et à la thérapeutique, enfin aux sépultures.

« Il prend ses exemples surtout chez les Grecs et les Romains, c'est-à-dire chez les peuples dont l'histoire nous est la mieux connue, jusque dans ses moindres détails.

« Il n'y a point de doute que les tablettes de Rome ne donnassent le détaillé piquant des toilettes, des parures, que les matrones à la mode, celles qui tenaient le haut du pavé et donnaient le ton, étalaient dans les fêtes où elles ne manquaient pas de se mettre au premier rang, pour se faire admirer, absolument comme cela se fait aujourd'hui à l'occasion d'un bal donné par quelque personnage dans l'état ou dans la finance. Les dames grecques et romaines ne se contentaient pas de se parer de bracelets et de colliers d'or, et de pierreries, comme les dames d'aujourd'hui, elles ornaient le bas de la jambe d'anneaux d'or incrustés de pierreries. Cependant le décolleté d'aujourd'hui leur était inconnu ; elles avaient à un trop haut degré le sentiment de leur dignité. On connaissait aussi à cette époque ce qui est si fort à la mode aujourd'hui : les cheveux empruntés, les pommades, le fard, et que sais-je ? toutes ces ressources de la coquetterie qui tiennent une si grande place dans la vie de tant de femmes. Il y avait des exceptions alors comme de nos jours. Peut-être y eût-il dans le sénat romain un homme qui, frappé du luxe effréné des dames romaines, essaya de dénoncer ce qu'il avait d'immodéré et aussi d'immoral ; et, au sortir de ce plaidoyer chaleureux, de peur de s'enrhumer, s'entoura la gorge d'un cache-nez — en laine ou en soie, je ne sais ; — l'usage du cache-nez était déjà répandu.

« Il est fort probable que ce luxe, cette coquetterie étaient encouragés par la plus laide moitié du genre humain qui, en une certaine mesure, en donnait l'exemple et l'autorisait par sa conduite. On rencontrait à Athènes et à Rome — à l'agora, au forum et sur les promenades fréquentées — la bande joyeuse des jeunes gens, bien cravatés, bien gantés et musqués, dont les loisirs d'une vie ennuyée et ennuyeuse se passaient en promenades à pieds ou à cheval, — lorgnant les femmes, — en divertissements, ou dissipant dans les plaisirs du jeu, de la bonne chère le patrimoine difficilement et péniblement amassé par leur père. On perdait chez le parfumeur, au café et au théâtre un temps précieux, causant *ex omnibus rebus et quibusdam aliis* — d'une partie de plaisir, des courses, des chanteuses et des danseuses à la mode (HOR. SATI. 2, 3, 259 — 275 — SATI. 1, 2. 1-3.)

« Peut-être y avait-il aussi des dîners officiels. Il n'y a pas de doute que les avocats, les médecins, voire même les augures, se réunissaient, comme cela se pratique aujourd'hui, dans des banquets où l'abondance des mets et des vins déliaient la langue des convives. Ils n'étaient point aussi délicats et aussi gourmets qu'on l'est de nos jours ; ils se contentaient du Falerne et du Chos (*faccula Coa, lie de Chos*); ils ne pouvaient apprécier ni le Bordeaux, ni le Bourgogne, ni le Madère, ni le Champagne (Lire dans Horace, sati. 2, 8, le menu d'un dîner de l'époque).

« La manie des curiosités avait fait de quelques salons de vrais bazards, où l'on trouvait accumulés les chinoiseries, les potiches, les médailles, les statuettes. On voulait avoir un musée à soi, bien qu'on ne fût point amateur.

« *Insanit veteres statuas Damasippus emendo.*

(SAT. 2, 3, 64.)

« On pourrait en dire autant de beaucoup de dames et de financiers d'aujourd'hui qui, sans avoir le goût artistique bien développé, veulent avoir leur galerie ou leur musée. Il était d'usage aussi dans ces temps reculés d'aller prendre les eaux, de passer une saison aux bains, pour se reposer des travaux du barreau, de la diplomatie, des fatigues d'une vie agitée. Les Romains avaient probablement leur Vichy, leur Plombières, leur Bagnères de Luchon, leur Biarritz, leur Royan. Pour quelques malades qu'on envoyait dans les villes où il y avait des établissements hydrothérapeutiques, on rencontrait une foule de gens qui ne cherchaient que plaisirs et distractions. C'est ce qu'on trouve dans toutes les villes de bains ; on y coudoie depuis le petit commerçant jusqu'à l'homme d'État.

« M. Lapaume clôt son mémoire par un dernier rapprochement : les inscriptions mensongères sur les tombeaux énonçant les vertus qui n'avaient brillé que par leur absence.

« Nous prenons note de l'engagement de M. Lapeaume ; il nous promet d'enrichir sa nomenclature de nouveaux faits et de donner ultérieurement des développements à une étude qui ne manque pas d'intérêt et de piquante actualité. »

M. Vorraux nous a parlé aussi, à cette séance, d'un livre spécialement destiné aux enfants des écoles et aux touristes et qui tend à la vulgarisation de toutes les connaissances (historiques, géographiques, géologiques, commerciales, industrielles, agricoles, administratives, etc...) du département sur lequel il est écrit. Cet ouvrage, selon M. Vorraux, offre une lecture attrayante et utile, et est la mise à exécution, le résultat d'une idée neuve et heureuse appliquée au département de la Corrèze par M. P. Rateau, inspecteur de l'enseignement primaire et membre correspondant de notre Société, et qu'il serait à désirer de voir propager dans les autres départements.

La séance du 6 septembre a été uniquement consacrée à la lecture de journaux adressés à la Société, à la communication de différents autres dons et d'une notice sur les eaux minérales de Vals.

Dans celle du 8 novembre, il a été aussi donné communication de dons et de brochures envoyés à la Société ; en outre, il a été lu un manuscrit de M. PHELIPPOT, de l'île de Ré, dans lequel il est fait un précis historique sur l'ancienne viguerie de la Grenetière, dont le château et le domaine actuels de ce nom ont été possédés par les maisons nobles : de Bernon, en 1440 ; Foucher, en 1576 ; de Loze de Montluc, vers le milieu du 16e siècle ; Masseau de Beauséjour, en 1715, appelée Masseau de Ré, en 1734 ; de Guérin de Tencin, vers 1700 ; Penaud des Marais, en 1745 ; Foucault des Prises, en 1758 ; Gigaux de Grandpré, en 1774, et de Foucault, en 1780 ; et appartient, depuis 1836, ou une époque voisine de cette année, à M. Louis J..., oncle de M. le docteur Ponsin, dont la fille unique a épousé M. Penaud de la Garlière, officier de l'ordre impérial de la Légion d'honneur, et chevalier de l'ordre royal d'Isabelle la Catholique, commissaire de marine en retraite.

Il faut aussi, Messieurs, que je vous entretienne ou plutôt que je vous communique les quelques lignes pleines d'attrait, que notre savant collègue, Monsieur Edme SIMONOT, a écrites sur la création de l'album historique et autographique du zélé conservateur de nos archives, M. LEMARIÉ ; elles sont ainsi conçues :

« L'étude des traditions du passé se place au premier rang des préoccupations de l'homme. Dans les grands centres de population cette étude a, depuis longtemps, donné naissance à des sociétés éminentes, à des corps illustres dont la mission est d'assurer les développements de la science par l'histoire même de la science.

« De nos jours, sur une échelle plus modeste mais non moins digne d'intérêt, des sociétés nombreuses recueillent dans un rayon qu'on pourrait appeler régional, les docu-

ments que la chronique, la légende, l'histoire, toutes les
formes de la tradition en un mot, offrent aux patientes
recherches de ceux qui rattachent pieusement les fils de
la trame incessamment ourdie par l'œuvre du temps.

« Notre arrondissement ne pouvait rester en dehors
de ce mouvement des esprits. Théâtre d'évènements qui
ont marqué dans l'histoire, il devait, lui aussi, rencontrer
de dignes interprètes, de fidèles conservateurs de ces
chroniques locales, sortes d'annales de famille dont
chaque génération demande le secret aux générations
éteintes pour le transmettre, à son tour, aux générations
futures.

« La Société historique et scientifique de Saint-Jean-
d'Angély ne faillira pas à cette mission que comprennent
si bien les hommes éclairés qui l'ont fondée, qui chaque
jour lui apportent les fruits de leur patient et conscien-
cieux labeur.

« Mais, nul ne l'ignore, et, mieux que personne, ces
hommes honorables en pourraient rendre témoignage,
les investigations dans le passé viennent trop souvent se
heurter à des difficultés nombreuses qui rendent la tâche
pénible et ardue.

« Nos prédécesseur sont négligé parfois de nous laisser
des indications, sans valeur pour les contemporains mais
précieuses à plus d'un titre pour la postérité. Efforçons-
nous donc d'aplanir la route en léguant à nos successeurs
ces indications dont les lacunes créent de fréquents et
regrettables embarras.

« Cette partie de la tâche d'une société historique a été
parfaitement comprise par M. Lemarié, l'honorable conservateur archiviste de celle de Saint-Jean-d'Angély. Il
a eu l'heureuse et bonne pensée de réunir dans un album
une foule de documents de toute nature se rattachant à
notre arrondissement ou aux régions limitrophes.

« Le crayon, la plume, le burin, la photographie, sont
également appelés à fournir leur contingent à son recueil :
des autographes nombreux, des portraits, des gravures
conservent à ceux qui viendront après nous le souvenir
de notre époque et forment un ensemble intéressant dès
aujourd'hui, mais appelé à offrir un jour un intérêt bien
plus vif encore.

« Nous n'entrerons aujourd'hui dans aucun détail ; l'œuvre conçue par M. Lemarié, et poursuivie par lui avec une intelligente activité, est incomplète encore. Attendons son entier développement pour en présenter le compte-rendu.

« Mais, dès aujourd'hui, nos collègues voudront nous permettre de signaler l'heureuse initiative de M. Lemarié. Ils penseront sans aucun doute avec nous qu'il a droit à nos témoignages de reconnaissance et d'encouragement. Ils voudront certainement joindre leur voix à la nôtre pour faire un appel à la bonne volonté de tous et réclamer de tous les amis éclairés de notre arrondissement la communication de documents susceptibles d'enrichir l'intéressant recueil dû au zèle éclairé de notre conservateur-archiviste.

J'ai terminé cet exposé, Messieurs, mais, avant de le clôre, je dois un témoignage de notre reconnaissance à MM. Vorraux, Phelippot et Simonot ; je leur adresse donc, ici, nos remercîments sincères, tout en prenant acte de la promesse du courageux et persévérant chercheur rétois, qui est de continuer ses intéressants travaux sur les antiques manoirs féodaux de son île, si riche en souvenirs historiques.

SECTION SCIENTIFIQUE.

Le compte-rendu de cette section est, vu le peu d'importance des travaux présentés, renvoyé à la prochaine assemblée.

*Continuation de la liste des plantes rares dans l'arron-
dissement de Saint-Jean-d'Angély et indication des
localités où elles ont été cueillies.*

(Note fournie par M. Pinatel).

10 juillet 1866. — *Chrysanthemum corymbosum* L.

   Bois-taillis entre la Villedieu-d'Aulnay et Dampierre A.R.

10 juillet 1864. — *Phyteuma orbiculare* L.

   Au bord du cours d'eau de la garenne de la Brassière, commune de Dampierre. R.

10 août 1865. — *Nepeta cataria.* L.

   Cueilli par M. A. Guillaud, près du logis de la Crétinière,
commune de Fenioux. M. Lemarié l'avait déjà trouvé en
1862 dans la commune de Garnaud. R.R.

15 avril 1866. — *Alyssum calycinum* L.

   Cueilli par M. E. Caillaud, au Gigodet, commune de Sainte-
Même. M. Lemarié et moi avons aperçu cette crucifère le
10 juin dernier, dans les champs de la Crochette, commune
de Fontenet. C.

10 juin 1866. — *Polycarpon tetraphyllum* L.

   M. Lemarié et moi l'avons cueilli dans les vignes de Sœuil,
commune de Fontenet. Je l'ai revu depuis dans les champs
et dans les vignes des terrains tertiaires de Taillant et
Fenioux. C.C.

10 juin 1866. — *Aira caryophyllea* L.

10 juin 1866. — *Hypocheris glabra* L.

10 juin 1866. — *Juncus capitatus* Weigel.

14 juin 1866. — *Lythrum hyssopifolia* L.

   Champs et vignes du coteau de Fenioux. M. A. Guillaud l'a
aussi recueilli au Sœuil, commune de Fontenet, et dans les
terrains tertiaires de Brisambourg. A.R.

14 juin 1866. — *Scirpus setaceus* L.

   Au bord d'une source, près de Fenioux, et dans un terrain
très-humide désigné sous le nom du bois du Chiron, commune de Fenioux. P.C.

21 juillet 1866. — *Jasione montana* L.

   J'ai rencontré cette campanulacée dans trois nouvelles stations
des terrains tertiaires entre Bignay et la Braudière, près de
Pimpelair, commune de Fenioux, et champ de Chez-
Boutinet, commune de Brisambourg. P.C.

21 juillet 1866. — *Linaria elatine* Mil.

   Dans le bois des Bisselières, commune de Saint-Hilaire. Cette
scrophulariée croît abondamment dans les terrains tertiaires. C.C.

21 juillet 1866. — *Cardamine impatiens* L.

Au fond du vallon des Bisselières. Retrouvé le 18 août près du moulin de Chez-Guérin, commune de Grandjean. R.

21 juillet 1866. — *Festuca cœrulea* D. C.

Dans le bois du Chiron, commune de Fenioux. Le 4 septembre, M. A. Guillaud et moi avons vu cette graminée très-abondante dans les bois de Brisambourg.

16 août 1866. — *Cyperus fuscus* L.

M. A. Guillaud et moi avons aperçu cette jolie cyperacée dans trois localités : sur les bords du canal de Lavergne P.C.; le 17 du même mois, à Pimpelair, commune de Fenioux P.C.; le 14 septembre, dans une prairie arrosée par le limpide ruisselet du Coran, près de Fontaillard, commune de Saint-Bris-des-Bois, non loin de la limite de celle de Brisambourg.

16 août 1866. — *Panicum crus-galli* L.

Recueilli par les mêmes, près des écluses de Bernouet. C. C'est à la complaisance de notre digne et savant correspondant M. Maillard que je dois la détermination de ce panic. Ce zélé botaniste, pour me faciliter l'étude des graminées, a bien voulu m'envoyer quelques échantillons des espèces difficiles. Je suis heureux de lui témoigner ma vive reconnaissance pour l'empressement qu'il met à me donner les renseignements que je prends la liberté de lui demander.

16 août 1866. — *Polypogon monspeliensis* Desf.

Bords de la Boutonne, prairie de Lavergne. R.

81 août 1866. — *Andropogon mischœum* L.

Coteaux secs calcaires de la Frédière et de Grandjean.

18 août 1866. — *Carex remota* L.

Dans un bois très-humide, près de Pimpelair, commune de Fenioux. M. Maillard a eu l'obligeance de déterminer cette cypéracée.

18 août 1866. — *Panicum sanguineale* L. C.

Coteaux de Grandjean.

23 août 1866. — *Gypsophila muralis* L.

Au fond du vallon des Bisselières. R.

23 août 1866. — *Leonurus cardiaca* L.

Cette très-rare labiée a été cueillie par M. E. Caillaud, à Chagnon, commune d'Aumagne R.R., et en Ré, précédemment, par M. Lemarié.

23 août 1866. — *Ononis columnœ* All.

Dans les champs de Chagnon, par M. A. Guillaud. A.R.

26 août 1866.— *Scirpus duvalii* Hoppe.

Dans les marais de Prignac, par le même. R.R.

26 août 1866. — *Parnassia palustris* L.

Dans les prairies de Prignac, par le même. R.

31 août 1866. — *Corrigiola littoralis* L.

Dans les vignes des environs de Labrousse, commune de Brisambourg, par MM. E. Caillaud et A. Guillaud. C.

31 août 1866. — *Poa megastachya* Kœl.

Au bord d'un fossé, prairies de Brisambourg A.R., par les mêmes.

4 septembre 1866. — *Ulex nanus* Smith.

Bois des terrains tertiaires de Brisambourg C.C., par M. A. Guillaud et moi.

4 septembre 1866. — *Anthirrinum orontium* L.

Dans les vignes des terrains tertiaires de Brisambourg R., par les mêmes.

4 septembre 1866. — *Cyperus flavescens* L.

Dans un pré arrosé par le Coran, de Saint-Bris-des-Bois P.C., par les mêmes.

4 septembre 1866. — *Polystichum telipteris* Roth.

Même station C., par les mêmes.

4 septembre 1866. — *Equisetum telmateia* Ehrh.

Même station C., pas les mêmes.

4 septembre 1866. — *Datura stramonium* L.

Dans un champ, près de Chez-Boutinet, commune de Brisambourg R., par les mêmes.

4 septembre 1866. — *Panicum filiforme* Kœler.

Dans une vigne, près de Chez-Nadeau, commune de Brisambourg R., par les mêmes.

4 septembre 1866. — *Lobelia urens* L.

Dans les bois, près de la Borderie, commune de Brisambourg C.C., par les mêmes.

4 septembre 1866. — *Datura tatula* L.

Au bords de la route de Cognac, près de Labrousse, commune de Brisambourg.

13 septembre 1866. — *Leersia oryzoïdes* L.

Bord de la Boutonne, près des écluses de Bernouet.

VII. Concours.

Comme les années précédentes la Société a ouvert un Concours. Le premier prix n'ayant pas été décerné au concours de 1866, il a été décidé que le programme resterait le même. Le voici :

I. Sera admis au concours :

Tout travail historique ou archéologique ; toute étude au point de vue de l'histoire naturelle, de l'industrie, des beaux arts, ou de l'état physique, hygiènique, moral de la population ; toute recherche bibliographique ou littéraire ; toute appréciation biographique des hommes illustres par la naissance ou les services rendus : à la condition que ces travaux ou ces études soient relatifs à l'arrondissement de Saint-Jean d'Angély.

II. Les prix à décerner consisteront en deux médailles d'argent et une médaille de bronze frappées aux noms des lauréats.

Il pourra être décerné des mentions honorables.

III. Les manuscrits envoyés au concours ne seront reçus que jusqu'au 10 mai 1867 inclusivement. Il devront être déposés ou adressés *franco* au Secrétariat général de la Société, qui pourra les publier avec le consentement des auteurs.

Les mémoires envoyés au concours appartiennent à la Société, mais les auteurs pourront en prendre copie à leurs frais.

IV Chaque ouvrage devra, sous peine d'exclusion, porter une devise reproduite sur un pli cacheté, dans lequel sera renfermé le nom de l'auteur.

V. L'examen des manuscrits sera confié à une Commission de cinq Membres nommée par la Société et à laquelle se réuniront le Président et le Secrétaire-Général.

Les Membres de cette Commission et du Bureau ne pourront être admis à concourir.

VI. Les prix seront décernés à la séance semestrielle du 27 juin 1867, après la lecture du rapport de la Commission.

VII. Les journaux et les Sociétés savantes sont priés de donner à ce concours toute la publicité possible.

VIII. **Musée.**

(Note présentée par M. Lemarié, conservateur).

—

Pendant l'année 1866, le nombre des objets envoyés au musée a été, on pourrait le dire, considérable : de toutes parts on pense à nous et on nous adresse des produits curieux et rares qui enrichissent nos vitrines beaucoup trop étroites.

Voici la liste à peu près complète des dons qui ont été faits :

M. Devers, adjoint au maire de Saint-Jean-d'Angély, une collection de coquilles terrestres et fluviatiles.

M. Henri Devers, Dʳ en droit, une huppe.

M. Legouix, agent-voyer d'arrondissement ; M. Deschamps, instituteur à Lajard ; M. Réveillaud, instituteur à Taillebourg ; M. Richard, cantonnier à Saint-Pierre-de-l'Isle ; M. Lagrange, instituteur à Lavergne ; M. Chaussegroux, propriétaire à la Maison-Rouge ; M. Caillaud, entrepreneur à Saint-Denis-du-Pin ; M. Pinatel, de Saint-Jean-d'Angély ; M. Wanauld, receveur des domaines à Saint-Savinien ; M. Moulinier, cantonnier à Saint-Martial ; M. Rousseau, instituteur à Néré ; M. Gilbaud, musicien à Saint-Jean-d'Angély ; M. Dussouchaud, curé à Dœuil ; M. Baudin, curé aux Eglises-d'Argenteuil, etc., etc., ont envoyés des fossiles recueillis sur divers points du département ;

M. Aunis, agent-voyer à Segonzac, une caisse de fossiles du département de la Charente, et extraits des terrains de la *fine champagne.*

M. Jules Lemarié, 2 couleuvres tuées au bois d'Aussy et mesurant chacune 1 mètre 45 de longueur.

M. l'abbé Grasilier, curé de Nieul-les-Saintes, des lignites provenant des environs de l'île d'Aix et des minerais de fer de Saint-Saturnin-du-Bois.

M. Cieutat, percepteur à Loulay, des monnaies trouvées à Sainte-Radégonde.

M. Gauthier, aux Granges, une buse.

M. Bertrand, négociant à Saint-Jean-d'Angély, une huppe.

M. Barbaud, de Fontenet, un œuf phénomène et des fossiles.

M. Magny, une chouette tuée à la prison de Saint-Jean-d'Angély.

M. Grousset, instituteur à Dompierre-sur-Mer, des polypes d'eau douce du canal de Bellecroix, et des fossiles de l'Aunis.

M. Fromy à Coupeau (Gers), des assignats et des pièces de vers en patois saintongeais.

M. Vigneau, à Pourçay-Garnaud, des dragonnaux.

M. Guérin, de Brizambourg, des agarics.

M. Boreau, géologue à Parthenay, des minéraux.

Nous devons à cet honorable collègue des remercîments sincères pour la peine qu'il s'est donnée dans le classement et le nettoiement de nos minéraux incendiés.

M. Gauthier, à Villeneuve-la-Comtesse, des ossements humains.

M. le Dr Alfred Devers, de Saint-Jean-d'Angély, un squelette mâle humain, bien conservé. Cette pièce qui nous manquait, est d'une utilité incontestable, la commission administrative parlait même d'en faire l'acquisition dans l'année, lorsque la générosité de notre collègue a fait disparaitre cette lourde charge pour notre budget.

M. le pasteur Vorraux, des grains carbonisés.

M. J.-B. Hillairet, étudiant en droit, une vitrine avec gradins.

M. Constant Bernard, géomètre, des monnaies anciennes, une très-belle hache en silex, trouvée à Bignay, des dragonnaux et divers fossiles.

M. Fougerat, arquebusier, des plantes et des minéraux des Pyrénées et recueillis par lui dans ses excursions aux environs de Barrèges.

M. Cornet, propriétaire à Saint-Jean-d'Angély, des monnaies.

M. Emile Audouin, négociant, des roches des Pyrénées.

M. le capitaine Suraud, de la Ménardière, des albatros des pufins, un crocodile, des serpents du Gabon, des végétaux de la zone torride, un herbier de plantes recueillies autour du tombeau de Napoléon 1ᵉʳ, à Sainte-Hélène, des nattes, des parfums, des jouets, des gravures de l'Inde, de la Chine et du Japon ; un violon, jouets, des cuillers, une boussole, des balances, des manuscrits, des ustensiles de ménage apportés de Canton et de Pékin ; des idoles provenant d'un temple de Bouddha, des coquilles des mers du Sud, etc., etc.

On voit par ce court exposé que notre compatriote n'oublie point sa ville natale. A chaque voyage qu'il fait dans les contrées lointaines, il partage entre sa collection particulière et le musée de Saint-Jean-d'Angély, les objets qu'il a le bon esprit de rapporter de ses périlleux voyages. Nous ne saurions trop l'en remercier et l'en féliciter.

Comme M. Suraud, le docteur Girard, actuellement à Porquerolles, également notre compatriote, n'oublie point la Société, dont il est membre correspondant, il lui a adressé dernièrement une caisse contenant divers produits marins de la Méditerranée, tels que mollusques, crustacés, spongiaires, magnifiques nautiles, etc., etc. et sur sa demande M. l'abbé Ollivier, aumônier du pénitencier de Porquerolles, a bien voulu joindre à son envoi, un paquet de plantes des îles d'Hyères très-bien conservées.

Que ces MM. reçoivent tous nos remercîments et souhaitons que leur générosité se perpétue !

IX. Bibliothèque.
Rapport de M. BARBOT, bibliothécaire.

Messieurs,

Depuis le dernier semestre notre bibliothèque s'est enrichie d'un assez grand nombre d'ouvrages tant manuscrits qu'imprimés, que nous devons en grande partie à la libéralité des membres actifs et correspondants.

Plusieurs Sociétés nous ont fait parvenir leurs bulletins ou des comptes-rendus de leurs travaux ; nous ne saurions trop nous en féliciter, et voir dans ces échanges confraternels un hommage flatteur de sympathie qui nous honore.

Le louable empressement que chacun met à contribuer à l'extension de notre bibliothèque, témoigne de l'intérêt qu'il prend à l'accroissement de sa prospérité, et sans être prophète on peut hardiment prédire qu'avant peu il sera de toute nécessité d'en augmenter les rayons.

Je ne terminerai pas ce court exposé, sans payer mon juste tribut de gratitude, à notre conservateur, Monsieur Lemarié, dont l'incessante activité sait triompher de tous les obstacles, pour l'installation de la bibliothèque et ses dépendances dans notre nouveau local;

Qu'il reçoive ici tous mes remercîments pour m'avoir suppléé dans l'accomplissement d'une tâche qui m'incombait tout naturellement, mais que des circonstances indépendantes de ma volonté ne m'ont pas permis d'effectuer.

DONS OFFERTS A LA BIBLIOTHÈQUE.

La Société a reçu directement :

Le Bulletin de la Société médicale d'émulation, tome 1, fascicule 4.

Le Bulletin de la Société littéraire de la Rochelle.

Le Bulletin de la Société des sciences historiques de l'Yonne.

Le Bulletin de la Société des antiquaires, de l'Ouest.

Le Mouvement médical.

M. Des Moulins.
> La brochure sur l'excursion de la Société Linnéenne de Bordeaux à Bazas.
> Mémoire de la Société de statistique, sciences et arts des Deux-Sèvres, 2ᵉ série, tome V et VI.

M. Cailliaud.
> Catalogue des Radiaires, annélides, etc., par M. Cailliaud, de Nantes, membre correspondant.

M. Pinatel.
> Nouveau Testament par le R. P. Quesnel, 4 vol.
> Explication de St-Augustin, 2 vol.
> Almanach des Bons Conseils, 1862, 1867.
> Circulaires du ministre de l'instruction publique aux instituteurs, en 1848.

La Société médicale de Saint-Jean-d'Angély.
> L'Annuaire de l'Association générale des Médecins de France, exercice 1365.
> Compte-rendu de la Société médicale de St-Jean-d'Angély.

M. GYOUX.
{
Traité élémentaire d'Hygiène, de Becquerel.

Traité d'Hippocrate, des airs, des eaux et des lieux, en grec et en français.

Pathologie générale de Hardi et Béhier.

Chef-d'œuvre de Bossuet, 1 v.

Brochures diverses.

Journal du ciel, par Vinot, 1 nº septembre 1866.

Délibérations du Conseil général, 1865.

Dieu, l'Homme et la Création, poésies, par M. Et.-Louis-Joseph Volny l'hôtelier, Dʳ médecin.

Album d'un fou dédié aux sages du XIXᵉ siècle, poésies, par le même.

Mémoire de l'académie du Gard 1863 et 64.

M. VORRAUX.
{
Traité conclu entre les gouvernements Français, Anglais, Chinois, en langue chinoise.

Un Catéchisme en langue chinoise.

M. HARDON.
{
Projet d'une Caisse de prêt, sans intérêt, par M. Hardon,

3 nᵒˢ du Mouvement médical, quelques lettres et calendriers de diverses années.

LA SOCIÉTÉ MÉDICALE DE L'AISNE.
{
Bulletin de la Société médicale de l'Aisne.

M. E. DE RATTIER DE SUSVALON. — *L'Étincelle.*

M. MOREAU, de Melle. — *Le Mellois.*

M. LEMARIÉ. — Le *Journal de Saint-Jean-d'Angély.*

X. Nécrologie.

—

Ce chapitre est enfin vide ; Dieu veuille qu'il en soit longtemps ainsi !

TABLE DES MATIÈRES.

www.ingramcontent.com/pod-product-compliance
Lightning Source LLC
LaVergne TN
LVHW012010170726
843503LV00001B/304